GUÉRIR POUR DEVENIR PARENT-ENTRAINEUR

GUÉRIR POUR DEVENIR PARENT-ENTRAINEUR

Les secrets pour construire un enfant fort et non un adulte brisé

LINA AROBA

CONTACTS DE L'ÉDITEUR

Éditeur : Les Éditions Mathias

Courriel : contact@leseditionsmathias.com

Site Web : leseditionsmathias.com

Contact : +1 514 802 9124 / +237 671 04 91 16

CONTACTS DE L'AUTEUR

Courriel : contact@ta2ndechance.com

Adresse : Montréal, Canada

DU MEME AUTEUR

1. Vaincre malgré l'adversité, avancer malgré la douleur
2. Planificateur stratégique guidé
3. 101 proclamations pour passer de la souffrance à l'audace avec Dieu
4. La pratique de l'autodiscipline au cœur de ton succès.
5. Ose…, car personne ne te doit rien

ISBN-13 : 978-9-9563-9767-9

TABLE DE MATIÈRE

DÉDICACE

Je dédie ce livre à mon époux Guy Roger Fokouo, qui a su aller au-delà de son bagage culturel pour accepter de guérir de ses blessures émotionnelles et devenir un PAPA-ENTRAINEUR pour nos enfants.

REMERCIEMENTS

Au Saint-Esprit que j'honore.

À mes enfants qui se sont laissé mouler dans ce modèle éducatif de parents-entraineurs et dont nous sommes fiers des résultats.

À Jessy Mambou, ma mentorée que je souhaite propulser au-delà de ce qu'elle s'imagine capable de réaliser, par la grâce de Dieu. Merci pour ta collaboration dans l'implémentation du concept du PARENT-ENTRAÎNEUR et tes belles recherches sur l'impact des blessures émotionnelles sur la destinée des enfants.

Merci à ma fille Queen-Sandra qui, malgré son jeune âge, a complété tout le travail d'édition et de publication de ce livre en tant que nouvelle collaboratrice dans les Éditions Mathias.

Merci finalement à Dr Doriane pour ta diligence au niveau de la relecture.

AVANT-PROPOS

La parentalité contemporaine est confrontée à une multitude de défis, notamment la conciliation travail-famille, l'éducation numérique des enfants, les pressions financières les conflits de valeurs et les préoccupations concernant la santé et le bien-être des enfants. La surcharge d'informations contradictoires sur la parentalité peut également semer la confusion et le doute chez les parents, les poussant à remettre en question leurs propres compétences parentales.

Qu'il s'agisse de Jessy ou de moi-même, nos expériences de vie familiale montrent qu'être parent comporte son lot de hauts et de bas. En effet, je suis mère de 6 enfants dont 3 adultes, 2 ados et une préadolescente. Jessy quant à elle est mère de 4 plus jeunes enfants. Et dans les 2 cas, je puis vous assurez que même si nous ne vivons pas les mêmes choses, chaque étape de la parentalité est remplie de ses défis pour ce qui est de l'éducation des enfants. Et face à tout ceci, Il est essentiel que les parents cultivent l'autocompassion et la résilience pour affronter les défis inévitables de la parentalité.

Ils doivent reconnaître que personne n'est parfait et que l'erreur fait partie intégrante du processus d'apprentissage. Cette reconnaissance peut libérer les parents de la pression de la perfection et favoriser un environnement familial plus détendu et aimant.

Pourtant, pour être bienveillant et sortir des chaines de la perfection, le parent a besoin d'avoir un équilibre émotionnel lui permettant d'adopter une meilleure posture, celle que nous allons étudier dans ce livre : La posture du parent entraineur. Lorsqu'un parent est blessé dans son âme, cette posture gagnante devient impossible pour lui, car qui est blessé a tendance à blesser à son tour. Ce qui est contreproductif pour l'éducation des enfants et source de crises interminables dans les maisons.

En tant qu'intervenante psychosociale et éducatrice spécialisée, Jessy et moi souhaitons apporter notre contribution à la rééducation des parents afin de favoriser une relation parent-enfant plus saine, et de réduire les enjeux d'intervention du système dans les foyers. Bien que nous connaissions l'importance de la loi sur la protection de la jeunesse, il est important de ne pas ignorer à quel point les familles prises sous l'étau de cette loi s'en trouve déchirées. Nous croyons que guérir de ses blessures émotionnelles aiderait le parent à adopter une meilleure posture dans son rôle parental et l'épargnerait d'une vie guidée par les émotions qui dénature ses habiletés parentales.

INTRODUCTION

« On ne nait pas parent, on le devient ». Cette assertion est attribuée à Françoise Dolto et résonne profondément dans notre compréhension de ce que signifie être parent. Elle porte beaucoup de signification lorsque nous nous permettons d'y réfléchir. Ce que Jessy et moi en entendons c'est qu'on apprend à être parent. Dans ce livre, le terme parent référera non pas au statut de géniteur, mais plutôt au rôle social de parent. Et c'est précisément en cela que nous pensons qu'on ne nait pas parent, mais qu'on apprend à l'être auprès de nos enfants.

Cet adage est devenu un mantra dans les cercles de la parentalité contemporaine. Il souligne le processus dynamique et évolutif par lequel les individus acquièrent les compétences et les responsabilités nécessaires pour élever un enfant. Dans cette exploration, nous plongerons dans les implications de cette affirmation, examinant les multiples dimensions de la parentalité moderne et les défis auxquels les parents sont confrontés dans leur quête pour devenir des parents compétents et aimants. Nous nous attarderons surtout sur la posture du parent dans l'exercice de son rôle et valoriserons la posture de parent-entraineur au détriment de celui du parent-autoritaire, blessé et oppresseur malgré lui.

En effet, l'arrivée d'un enfant marque un tournant majeur dans la vie d'un individu. C'est le début d'un voyage complexe et exigeant qui transforme profondément l'individu en parent. Il s'agit d'une transition vers la parentalité qui implique un ajustement radical des priorités, des habitudes de vie et des identités personnelles. Mon expérience personnelle me laisse croire que les parents doivent jongler avec de nouvelles responsabilités tout en naviguant dans un paysage émotionnel souvent tumultueux. Ce paysage émotionnel est au cœur de notre message comme étant le fondement de la posture que prendra le nouveau parent dans son rôle : la posture du Parent-entraineur.

Dans mon expérience en tant que parent, j'ai compris très tôt que contrairement à d'autres rôles sociaux, il n'existe pas de manuel universel pour être parent. Les compétences de parents s'aiguisant par le biais de l'expérience, de l'observation et de l'interaction avec chaque enfant dans son unicité. Chaque enfant est unique, ce qui signifie que les parents doivent constamment s'adapter et apprendre à répondre aux besoins spécifiques de leur enfant.

Par ailleurs, la parentalité est profondément influencée par le contexte social et culturel dans lequel elle se déroule. Les attentes culturelles, les normes sociales et les ressources disponibles façonnent les pratiques parentales. De plus, les pressions sociétales telles que le perfectionnisme parental et les comparaisons constantes avec d'autres parents peuvent créer un stress inutile et compromettre le bien-être des parents et des enfants.

Le soutien social joue un rôle crucial dans le développement des compétences parentales. Les réseaux de soutien comprenant la famille élargie, les amis, les professionnels de la santé et les groupes de soutien peuvent fournir un soutien émotionnel, pratique et informatif précieux. Mais nous avons aussi des espaces d'échange tel que les conférences Bâtirunenfantfort de Jessy Sockat qui viennent créer un écosystème de professionnels, d'informations et de supports multiformes tant pour les parents que pour les ados. L'ingéniosité étant d'avoir les 2 bénéficiaires de ce système dans le même cadre.

Nous voulons briser la solitude et l'isolement qui peuvent être des obstacles significatifs pour les nouveaux parents, mettant en lumière l'importance de cultiver des réseaux de soutien solides.

Jessy et moi, voulons rappeler que la parentalité est un voyage dynamique et continu, caractérisé par l'apprentissage, la croissance et l'adaptation. En reconnaissant les défis et les complexités de la parentalité moderne, nous pouvons travailler ensemble pour créer des environnements qui soutiennent les parents dans leur quête de devenir les meilleurs parents possibles pour leurs enfants. En fin de compte, c'est dans l'amour, l'engagement et la présence que réside le cœur de la parentalité authentique. Après un aperçu sur les blessures émotionnelles, leur mode de transmission des parents aux enfants et leur impact sur la destinée de ceux-ci, nous nous attarderons davantage sur la posture du parent-entraineur.

PARTIE A

GUÉRIR POUR CHOISIR LA MEILLEURE POSTURE PARENTALE

CHAPITRE 1
ORIGINE DES BLESSURES ÉMOTIONNELLES

Il est devenu tellement courant d'entendre les uns et les autres aborder ce sujet oh combien important, démontrant ainsi son importance dans le processus de la croissance personnelle et du développement psycho-émotionnel.

De prime abord, il faut savoir que, quasiment tout le monde porte des blessures émotionnelles dans sa vie. Elles prennent généralement leur origine dans l'enfance, très souvent entre 0 et 7 ans.

L'auteure à succès canadienne Lise Bourbeau a décrit 5 types de blessures émotionnelles dans son livre *les 5 blessures de l'âme qui nous empêchent d'être nous-mêmes.* Elle en identifie 5 : le rejet, l'abandon, l'injustice, la trahison et l'humiliation.

Le véritable problème de ces blessures émotionnelles, ne se trouve pas dans la blessure en elle-même, mais dans son ignorance et /sa négligence. Par ailleurs, une autre problématique c'est le filtre de perception que la personne blessée développe inconsciemment. Alors, quand on ne fait rien pour guérir, ces blessures influencent notre façon de penser, notre caractère et nos choix dans la vie.

Une personne qui a été blessée va donc bâtir des masques émotionnels qui lui serviront de moyens de défense pour éviter de revivre la blessure. Cela se manifestera par des croyances limitantes, l'auto-sabotage, la peur constante et inavouée de revivre la blessure... Surtout la blessure ne se vit pas de façon passive : celui qui est blessé est porté à blesser les autres. Tout cela maintient le parent blessé dans la posture défensive car ce dernier veut éviter de revivre cette douleur émotionnelle. Et en vivant en contexte d'évitement, la blessure l'empêche d'être qui il est. Elle l'empêche non seulement de libérer son potentiel et d'accomplir sa destinée, mais aussi d'être le parent authentique et entraîneur dont chaque enfant a besoin.

Pendant l'enfance, les blessures sont provoquées par le type d'interaction avec les autres et plus précisément avec des personnes significatives comme les parents ou les tuteurs. Mais on peut dire que les blessures de l'âme ont essentiellement 3 origines que sont : le péché, les traumatismes et les liens d'âmes.

On parle de péché lorsqu'on commet une faute conte la morale, contre la vérité, contre la raison, un manquement à l'amour véritable envers nos semblables. Le péché a ceci de particulier, c'est qu'il blesse la nature de l'homme et porte atteinte à la solidarité familiale. La bible dit que le salaire du péché c'est la mort. En réalité, il ne s'agit pas nécessairement de la mort physique, mais plus de la mort de l'âme. Le péché blesse et tue l'âme de la personne qui pèche et en même temps celle de la personne qui subit. Voilà pourquoi les torts du parent au niveau relationnel avec son enfant peuvent être à l'origine des souffrances émotionnelles chez ce dernier. Les traumatismes dus à un choc émotionnel violent suite à un évènement éprouvant sont également à l'origine des blessures émotionnelles. Un exemple de choc émotionnel vécu par la plupart des enfants de nos jours est lié à la séparation des couples. En clinique, je rencontre généralement des mamans qui croupissent sous le poids de la culpabilité lorsqu'elle voit à quel point leur séparation a causé des dégâts émotionnels chez leurs enfants. Lorsque le père abandonne le foyer, cela crée un traumatisme chez son enfant quel que soit la raison. Il en est de même s'il s'agit de la mère. Du coup, un enfant abandonné par exemple par son père vivra avec un traumatisme à l'âge adulte et cela déterminera sa conduite au niveau de ses relations avec les autres. Au cours de ce mois de février 2024, j'ai accompagné une dame qui était rendue à sa 8e séparation. Et lors de l'analyse de son fonctionnement social, il s'est avéré qu'elle avait été abandonnée par son père alors qu'elle avait 4 ans. Du coup, elle cherche à retrouver le père qu'elle n'a pas eu en chaque homme avec qui elle se met en relation. Et puisque son conjoint ne peut pas être son père, elle vole de relation en relation, dans une quête interminable de l'amour paternel.

Les liens d'âmes sont des sources de blessures émotionnelles qui se transmettent par le sang. Les liens de familles transmis de générations en générations comme des liens de colère, de violence, …

Les liens d'âmes sont des liens émotionnels et spirituels entre 2 personnes. Ils se forment à travers les interactions avec certaines personnes telles que la famille, les amis, les collègues de travail, les partenaires, amoureux etc… Par ces liens, les souffrances émotionnelles sont transférées ainsi que le style comportemental qui amènera la personne à blesser à son tour.

Il faut savoir que les blessures de l'âme concernent **tout le monde** ; les riches et pauvres, les noirs et blancs, les cultivés et non cultivés, les vieux et jeunes, les hommes et femmes, les croyants et non croyants. J'ai entendu certaines personnes dire que les vrais chrétiens n'en souffrent pas. Quelle erreur! Tout le monde est concerné. Je suis toujours impressionnée sous ma casquette de thérapeute de voir à quel point des personnes tellement actives au niveau de leur foi peuvent être encore porteuses de blessures émotionnelles qui les détruisent et détruisent leurs relations.

Même une femme de la plus grande des beautés ne peut échapper aux blessures de l'âme. Plus surprenant encore, les plus grands thérapeutes ne sont pas eux-mêmes épargné, si ce n'est qu'ils ont des outils pour mieux s'en sortir. En tant que thérapeute, j'ai moi-même souffert de la blessure de rejet pendant longtemps et je ne peux pas prétendre en être complètement à l'abri. La seule différence entre les autres et moi c'est que j'ai la connaissance par le biais de mon métier qui me permet de discerner la voix de ma blessure en moi et de

m'ajuster. La parole de Dieu ne dit-elle pas le peuple périt faute de connaissance.
Ainsi, une personne qui estime n'avoir aucune blessure intérieure, ne se connait probablement pas.

Autre fait, les blessures peuvent se former par nous-même, par notre perception des choses, dans notre imaginaire. Il y a plusieurs années, le cri de cœur de Jessy était le mariage. Elle était fiancée à une personne qui ne la demandait pas en mariage en dépit du temps qui passait. Cela l'insécurisait beaucoup. Aussi dès qu'une amie se mariait et lui faisait une quelconque remarque sur son statut de femme non marié, elle avait tendance à très mal le prendre et à s'éloigner de la personne. Elle manquait tellement d'assurance qu'elle était ultra susceptible à la moindre remarque. Elle a ainsi perdu des amies parce qu'elle percevait les choses sous le filtre d'une âme blessée.

Les blessures de l'âme sont pour la plupart ; inconscientes et négligées. Comme les blessures ne sont pas visibles à l'œil nu comme des lésions physiques, nous

n'y prenons pas garde. Ainsi nous pouvons être des adultes qui ont accumulé blessures sur blessures depuis des années sans jamais y avoir prêté attention.
Imaginez seulement un enfant qui a une grosse plaie et que vous lui demandez d'aller tel quel à l'école. Il est fort probable que vous soyez qualifié de monstre et que les gens autours soient horrifiés par la vue de tant de sang. Toutes blessures physiques nécessitent un traitement selon la gravité de la blessure. Ceci devrait être la même chose pour les blessures dans l'âme. Une âme blessée dégage un certain parfum dont les premiers à le respirer sont nos enfants.

Voici l'histoire d'un Lion qui chasse une gazelle. En voulant lui échapper celle-ci se blesse. Elle comprend désormais qu'elle est davantage en danger, car son sang est une odeur qui attire le Lion. Sa seule solution est alors de trouver un cours d'eau et de s'y cacher. L'eau permet de nettoyait sa blessure et de stopper l'odeur du sang. Le prédateur ne peut désormais plus localiser la gazelle. Par analogie, nos âmes blessées émanent un parfum. Nous pouvons ainsi faire semblant que nous allons bien intérieurement, mais ce parfum est si fort qu'il parle plus fort que nos mots. Ainsi nos enfants n'écoutent pas ce que nous leur disons, mais ils écoutent ce que nous sommes réellement, selon le parfum qui émane de nous. Les enfants sont capables contrairement aux adultes de lire dans votre âme.

Ainsi, il est **impossible** d'être de bons parents ou des parents-entraineurs tant que nous n'avons pas guéris de l'intérieur. Ceci parce que nos blessures de l'âme sont contagieuses et se transmettent, d'où la nécessité pour nous parents de guérir.
Nous ne terminerons pas ce chapitre sans sous présenter les différentes blessures de l'âme selon l'approche de Lise Bourbeau.

Présentation des 5 blessures de l'âme (TRAHI)

Selon Lise Boubeau, la célèbre fondatrice du Centre de Relation d'Aide et de Développement Personnel *Écoute ton Corps*, toutes nos blessures de l'âme peuvent se résumer en 5 blessures principales. Pour Jessy et moi, la découverte de ces blessures nous aide à mieux nous connaitre et d'exercer une parentalité plus consciente auprès de nos enfants. On dit que la vérité affranchis ! Il nous est aussi plus facile de comprendre les personnes autour de nous, notamment ceux qui nous ont blessé dans le passé. Nous comprenons maintenant que ceux-là étaient aussi blessés. Ceci facilite énormément le processus de pardon et la libération de l'amertume. Pour ma part, je n'aurais jamais pu écrire mon livre vaincre malgré l'adversité, avancer malgré la douleur, si je n'avais pas bien compris le processus de guérison des blessures émotionnelles. Au niveau des Éditions Mathias, nous recevons parfois des manuscrits qui ne sont qu'un lot d'accusation et procès d'intention, preuve que l'auteur a entrepris d'écrire sans s'être occupé préalablement de ses blessures. Les personnes blessées ont tendance à condamner et dans cette posture, on ne oeut pas être un parent-entraîneur.

Voici la présentation de ces 5 blessures avec des exemples des histoires vraies de nos usagers dont l'anonymat est assuré.

Trahison

La blessure de trahison est une souffrance liée à la peur constante d'être trompé, trahi, déçu. Pour se protéger, la personne est dans le contrôle permanent d'elle-même et des autres.

Cela peut se traduire chez l'enfant qui ;

- Se sent trahi chaque fois que son parent de sexe opposé ne tient pas une promesse
- A eu une expérience incestueuse

- Se sent trahi par les comportements imprévisibles du parent de sexe opposé
- Se sent délaissé après l'arrivée du bébé de même sexe que le parent.
- Se sent trahi si son parent de sexe opposé ne correspond pas aux attentes qu'il avait d'un bon parent

La personne souffrant de la blessure de trahison va fabriquer le **masque du contrôlant.** Ses comportements sont alors dictés par la peur d'être déçu ou de passer pour un traitre. Le contrôle exercé par le contrôlant a pour but de veiller a bien respecter ses engagements afin d'être fidèle et responsable ou s'assurer que les autres respectent leurs engagement.

Cas de Thérèse : Elle est une personne très exigeante envers les autres et elle-même, qui se force à tenir ses engagements. Thérèse est constamment convaincue d'avoir raison et cherche à convaincre les autres. Très performante, elle recherche honneurs et titres. Sa réputation est très importante. Elle ne tolère pas les mensonges des autres, vérifie sans cesse et délègue peu. Thérèse n'aime pas les imprévus et se croit indispensable. Elle ne veut pas parler de faiblesse. Intolérante et impatiente avec les gens trop lent, elle se montre indépendante et n'aime pas les gens dépendants. Sa phrase préférée : « Je suis capable ». Elle veut tout prévoir et n'aime pas la paresse. Du coup, elle n'est pas une bonne collaboratrice car son attitude blessera probablement ceux qui ne répondent pas à ses exigences. Ce que nous voulons faire remarquer ici c'est la tendance à vouloir tout contrôler.

Rejet

La blessure de rejet consiste à se sentir repoussé, rejeté, méprisé, mis à l'écart dans ses relations familiales, amoureuses, sociales ou encore professionnelles. La personne a l'impression de ne pas mériter d'exister.

Voici quelques exemples d''origine de la blessure du rejet ;

- Un bébé non désiré et arrivé "par accident" :

- Un bébé du sexe opposé à celui attendu/souhaité par ses parents
- Des maltraitances physiques ou verbales
- Des remarques désobligeantes.
- La mort inattendue d'une personne aimée.
- Les parents ont peu de temps à consacrer à leur enfant.
- Des parents négligents.

Jessy et moi avons chacune connu un certain nombre de ces exemples. Pour ma part, ce fut l'absence de ma mère, des maltraitances verbales et des remarques désobligeantes. Et pour ces raisons, j'ai souffert du rejet pendant longtemps et j'ai fabriqué un masque du fuyant. Mes comportements étaient alors dictés par la peur de revive la blessure du rejet. Pour éviter d'être rejetée, je fuyais les situations où j'avais peur d'être rejetée. Je me protégeais en fuyant. En agissant ainsi, je suis en mesure de comprendre aujourd'hui que je rejetais les autres plutôt que ces derniers ne me rejetaient ou ne m'aimaient pas. En tant que fuyant, j'interprétais les situations, les paroles, les événements, les incidents sous le prisme de ma blessure. Je n'étais plus objective et me sentais rejetée alors que je ne l'étais pas forcément. En tant qu'intervenante, j'observe la même chose chez mes clients.

Cas de Billy :

Billy se considère comme nul, sans valeur et a l'impression d'être tout le temps rejeté par les autres. Il se dévalorise beaucoup. Il a l'impression que s'il n'existait pas cela ne ferait pas une grande différence. Il est très sensible aux remarques et a peu d'amis. Il parle peu et est très solitaire car il a peur de déranger et de ne pas être intéressant. Il prend tellement peu de place qu'il en deviendrait presque invisible. Il préfère se réfugier dans son monde imaginaire ou être dans la lune pour se couper du monde. Il trouve également de nombreux moyens de fuite tels que le sommeil, les addictions, les jeux, l'alcool, la drogue…

Billy est une personne très perfectionniste qui se force à atteindre la perfection dans ce qu'il fait pour éviter le rejet. Il a également peur de l'erreur car il a peur d'être jugé. Pour lui, être jugé revient à être rejeté. Par peur d'être rejeté, Billy a maintes fois mis un terme à un début de relation amoureuse ou saboté une relation parce qu'il avait peur d'être rejeté par la suite. Lorsqu'il était enfant, sa mère lui avait dit plusieurs fois qu'il était nul.

Abandon

Abandonner une personne, c'est la quitter, la laisser, la délaisser. Alors que rejeter une personne c'est la repousser, ne plus l'accepter, refuser de l'avoir à ses côtés.

La blessure d'abandon correspond au fait de se sentir seul, abandonné, pas assez aimé, en insécurité affective et se manifeste par la crainte d'être séparé des gens que l'on aime, de se retrouver seul.

La blessure d'abandon résulte d'un sentiment d'insécurité affective et physique. Elle est liée au manque d'une figure attachante et sécurisante.

Voici quelques exemples de situation à l'origine de la blessure d'abandon;

- Les parents qui travaillent et qui ont peu de temps à consacrer à leurs enfants.
- L'enfant hospitalisé seul même si ses parents viennent le voir tous les jours.
- Le décès d'un parent.
- L'enfant qui est livré à lui-même, qui grandit seul.
- L'enfant placé en internat très jeune.
- Séparation des parents.
- L'arrivée d'un petit frère ou d'une petite sœur qui prend beaucoup de temps aux parents : l'enfant peut se sentir délaissé

J'ai plusieurs fois rencontré des usagers qui portent la blessure de l'abandon et qui ont beaucoup de difficultés dans leur rôle parental. La personne souffrant de la blessure d'abandon va fabriquer LE MASQUE DU

DÉPENDANT. Les comportements du dépendant sont dictés par la peur de revivre la blessure d'abandon, par la crainte d'être de nouveau abandonné.
Le dépendant a un grand manque de confiance en lui et d'estime de lui. Il a l'impression de ne pas mériter d'être aimé. Comme le dépendant ne parvient pas à s'aimer, à s'estimer, il va se centrer sur les autres pour combler l'amour qu'il n'a pas pour lui-même. Prenons l'exemple de ma cliente Mélanie.

Cas de Mélanie :

Mélanie a grand besoin de recevoir de l'attention, d'être soutenu, de se sentir aimée. Il n'est pas rare qu'elle déclenche inconsciemment des maladies pour attirer cette attention autour d'elle, pour qu'on s'inquiète pour elle car c'est ainsi qu'elle se sent aimée et importante. Elle croit qu'en attirant l'attention des autres, elle recevra leur amour et leur soutien. Ce besoin de soutien se manifeste également par ses demandes fréquentes d'approbation et de conseils auprès des autres. Elle a besoin de savoir que les autres la soutiennent dans ses choix et ses décisions. Elle réclame aussi beaucoup d'amour de la part des autres. Ce besoin de soutien, d'attention voire de reconnaissance peut être présente dans tous les domaines de vie : dans ses relations amicales, familiales, amoureuses et même professionnelles. Elle dramatise beaucoup les situations qu'elle vit et un petit problème peut prendre des proportions énormes. Il arrive fréquemment à Mélanie de jouer le rôle du sauveur. Elle va toujours chercher à sauver quelqu'un qu'elle aime. C'est un moyen subtil pour elle de recevoir de l'attention. Elle aime en retour être remerciée, se faire complimenter, se sentir importante. Il lui arrive d'avoir des fluctuations de l'humeur. Il lui arrive d'accuser les autres de ne pas la soutenir ou de la laisser tomber. En somme elle se « victimise ». Ces traits de comportement ne changeront pas dans sa relation avec ses enfants et rendra difficile ou impossible d'être un meilleur parent.

Mélanie fusionne facilement avec les autres car elle se connecte à leurs émotions et leurs souffrances. Elle se sent responsable du malheur et du bonheur des autres comme elle croit les autres responsables de son bonheur et de son malheur. Cependant, elle se sert souvent de leurs problèmes pour ramener l'attention à elle. De plus, elle demande toujours l'approbation et les conseils des autres car elle considère leur accord et leur approbation comme une preuve d'amour. C'est sa crainte d'être abandonnée une autre fois qui va nourrir cette dépendance affective et la rendre vulnérable.

Par ailleurs, le dépendant est une personne facilement jalouse, voire excessivement jalouse car elle a peur que l'on préfère une autre personne à elle. Mélanie est dépendante et est prête à tout pour les autres. Elle donne beaucoup de sa personne et fait passer les besoins des autres avant les siens. La plus grande peur du dépendant est la solitude. Elle est convaincue qu'elle ne peut pas gérer la solitude, qu'elle ne pourra réussir à rien faire seule. C'est pour cela qu'elle s'attache désespérément aux autres et fait tout pour obtenir leur attention. Elle est prête à endurer des situations difficiles, à faire tout et n'importe quoi pour qu'on ne la laisse pas, pour ne pas devoir être seule et pour ne pas être de nouveau abandonnée. Elle est une proie des pervers narcissiques. Et tant qu'elle ne guérit pas de cette blessure de l'abandon, elle de la difficulté au niveau de sa relation avec les enfants également.

Humiliation

_Le sentiment à l'origine de la blessure d'humiliation est un sentiment de honte, celui de s'être senti rabaissé, humilié, dévalorisé, sali, dénigré. C'est le sentiment d'être atteint dans sa dignité, son amour intérieur.

Cette blessure laisse place à un manque de confiance en soi ultime et à un sentiment de honte et de gêne très important.

Voici quelques exemples de situations qui créent la blessure de l'humiliation.

- Un enfant s'est fait réprimander après s'être roulé dans la boue et les parents racontent l'événement humiliant devant leurs invités le soir à table en le qualifiant de "cochon".

- Les parents ont honte de la façon dont est habillé l'enfant et vont lui faire ressentir en se moquant de lui.
- Le fait pour un professeur d'obliger un enfant à raconter sa bêtise devant toute la classe.
- Punitions désobligeantes et/ou humiliantes.
- L'enfant se sent contrôlé par un parent, a le sentiment de ne pas avoir la liberté d'agir ou de bouger comme il veut au niveau physique.

La personne souffrant de la blessure d'humiliation va fabriquer LE MASQUE DU MASOCHISTE. Le masochiste va rechercher la douleur et l'humiliation de façon inconsciente et va s'organiser pour se faire du mal ou se punir avant que quelqu'un d'autre ne le fasse. Les comportements qu'il adopte sont dictés par la peur de souffrir à nouveau d'humiliation. Prenons le cas de Mélia.

Cas de Mélia

Mélia a très souvent honte et développe le sentiment de ne pas être digne d'être aimé. Il lui arrive de se sentir sale, sans cœur et inférieure aux autres. Elle a l'impression de ne pas être quelqu'un de bien, d'être indigne. Il lui arrive même de se dégoûter. Elle a tendance à se blâmer pour tout et à prendre le blâme pour les autres. C'est le moyen pour elle de se donner le premier "coup", de se préparer à ce que ceux des autres lui fassent moins mal. Il est plus facile pour elle de se critiquer plutôt que de recevoir les critiques de quelqu'un d'autre.

Mélia se critique, se dévalorise, se rabaisse en permanence. Elle utilise l'humour pour se dénigrer et se moquer d'elle-même. Elle fait tout pour aider les autres et se rendre utile car elle possède une grande générosité. Elle en oublie ses propres besoins pour contenter ceux des autres. Elle a également tendance à se placer dans des situations où elle doit prendre soin des autres. Elle croit qu'en aidant les autres, ils ne lui feront pas honte.

Cependant, elle a souvent l'impression que les autres abusent d'elle.

Concernant ses propres besoins, Mélia a de la difficulté à les identifier car depuis son plus jeune âge elle n'ose pas les exprimer, ni exprimer ce qu'elle ressent vraiment par peur d'avoir honte ou de faire honte à quelqu'un, surtout à sa mère avec laquelle elle entretient une relation fusionnelle.

Cela peut être causé par la non-communication au sein de la famille où règnent beaucoup de secrets et de tabous. Ses parents l'ont incité lorsqu'elle était enfant, à ne pas révéler ce qui se produit au sein du cercle familial et à garder tout pour elle. Tout ce qui est honteux pour les membres de sa famille doit être tenu secret. Une simple critique est vécue pour elle comme une humiliation. De plus, elle fait tout pour ne pas blesser les autres et a tendance à se sentir responsable des malheurs de ceux qu'elle aime.

L'injustice

La personne qui souffre de la blessure d'injustice ou du sentiment d'injustice ne se sent pas appréciée à sa juste valeur, ne se sent pas respectée ou croit ne pas recevoir ce qu'elle mérite. Face à ce sentiment d'injustice, la personne va se couper de ses ressentis croyant ainsi s'épargner de la souffrance.

Voici quelques exemples de situations qui engendrent la blessure d'injustice ;

- L'enfant souffre du manque de communication. Il vit dans un contexte où le parent est autoritaire. Il y a dans sa famille de fréquentes situations de crise. Il a peur de la sévérité de son parent, de son intolérance ou de son conformisme.
- L'enfant croit qu'on l'apprécie davantage pour ce qu'il fait plutôt que pour ce qu'il est. Ce n'est pas toujours le cas, mais c'est ce qu'il ressent.

L'enfant est généralement présumé coupable et doit se battre pour prouver son innocence lorsqu'il y a des incompréhensions à la maison.

La personne qui souffre de la blessure d'injustice va se créer LE MASQUE DU RIGIDE. Ses comportements seront alors dictés par la peur de souffrir à nouveau du sentiment d'injustice. C'est pourquoi, la personne va se couper de sa sensibilité, s'imposer de performer et d'être parfait. Prenons l'exemple de Jean ;

Cas de Jean :

Le mécanisme de défense de Jean est de se couper de ses ressentis. Pourtant très sensible, il va développer la capacité de ne pas sentir cette sensibilité. Il ne veut surtout pas la montrer aux autres, ce qui peut l'amener à être perçu comme quelqu'un de froid et insensible. Il fait croire que rien ne le touche. Il peut également utiliser le rire pour cacher sa sensibilité et ses émotions. Par ailleurs, il ne prend jamais le temps d'écouter ses besoins.

L'injustice est un sentiment insupportable pour lui. Il va toujours essayer d'être juste dans ce qu'il fait. Il développe ainsi un grand perfectionnisme car il croit que si ce qu'il fait ou ce qu'il dit est parfait, ce sera nécessairement juste. Il est alors prêt à tous les efforts et les sacrifices nécessaires pour atteindre cette perfection. Ce perfectionnisme provient également du fait qu'il se sent davantage apprécié par ce qu'il fait que pour ce qu'il est. C'est pour cela qu'il devient très tôt et très vite performant et débrouillard. Cependant, ce besoin de perfection lui cause aussi beaucoup de stress.

Jean est en constante recherche de justice pour s'assurer qu'il est digne de ce qu'il reçoit car le mérite est extrêmement important pour lui. Il est très exigeant envers lui-même dans la plupart des domaines de sa vie. Il a une grande capacité à se contrôler, à se créer des obligations et à s'imposer des tâches. Il a beaucoup de mal à s'arrêter, à s'accorder du temps, à s'amuser, à se reposer, à profiter sans ressentir de culpabilité. Il se compare surtout aux personnes qu'il considère mieux et plus parfaites que lui.

Jean a très peur de se tromper car il veut être le plus parfait possible. S'il se découvre un défaut, il veut absolument travailler dessus et se contrôler pour ne pas le laisser paraître. Il a peur de mal faire, d'être injuste, de prendre la mauvaise décision. Il doute souvent de lui-même après avoir arrêté son choix car il se demande constamment si son choix est le meilleur et le plus juste.

Il a aussi beaucoup de mal à demander de l'aide. Il préfère tout faire tout seul pour que ce soit parfait. C'est en raison de cela que les personnes rigides sont plus enclines à souffrir d'épuisement professionnel.

Il est même trop souvent optimiste. Il croit qu'en disant qu'il n'y a pas de problèmes, les situations difficiles se régleront plus vite. Il arrive à cacher aux autres ce qu'il ressent et répond très souvent "pas de problème" lorsqu'il rencontre des déceptions et des événements imprévus. Il a de la difficulté à recevoir des cadeaux car il se sent ensuite redevable. Il préfère refuser ou ne rien recevoir que de se sentir obligé de donner à l'autre quelque chose de la même valeur.

Par ailleurs, Jean a de la difficulté à se laisser aimer et à démontrer son amour. Il pense souvent trop tard à ce qu'il aurait voulu donner à ceux qu'il aime. Il passe alors pour une personne froide et non affectueuse alors qu'il ne l'est pas. Il ne sait juste pas comment exprimer ce qu'il ressent vraiment car il s'est coupé de ses ressentis. Il a aussi de la difficulté à s'engager car il a peur de se tromper dans son choix de partenaire.

Jean n'a pas conscience qu'il est coupé de ses ressentis et de sa sensibilité pour ne pas montrer sa vulnérabilité. Il se croit d'ailleurs très chaleureux. Il ne peut pas accepter son côté froid et insensible car cela reviendrait à accepter d'être sans cœur et donc injuste selon lui.

Après ce grand portrait sur les 5 blessures émotionnelles, nous verrons dans le prochain chapitre leur impact sur la destinée de l'enfant.

CHAPITRE 2
IMPACT DES BLESSURES ÉMOTIONNELLES SUR LA DESTINÉE DE L'ENFANT

Les blessures émotionnelles sont issues d'une souffrance émotionnelle dont personnes ne veut revivre une 2e fois. Du coup, tout enfant portant ces blessures aura tendance à se trouver des méthodes d'adaptation pouvant lui empêcher de les revivre comme nous l'avons décrit dans le chapitre précédent. Et c'est l'ensemble de ces méthodes d'adaptation qu'on désigne sous le terme de masques émotionnels. Dans ce chapitre, nous allons parler de la formation des masques chez les enfants et expliquer finalement les enjeux spirituels des blessures de l'âme sur leur destinée.

La formation des masques chez les enfants

Lorsqu'on parle de masques émotionnels, plusieurs personnes pensent que cela se fait seulement lorsqu'on est adulte. Comment se fait-il que depuis le plus jeune âge, nous avons plus tendance à porter un masque que de faire face à nos blessures internes pour guérir ? Voyons un peu comment les masques se forment depuis le bas âge dans la vie de nos enfants jusqu'à l'âge adulte.

Étape 1 : L'enfant est lui-même tel qu'il a été créé par Son créateur

Étape 2 : Les adultes demandent aux enfants de se conformer aux règles sociétales les empêchant ainsi d'être eux-mêmes. L'enfant comprend qu'il n'est pas aimé pour ce qu'il est vraiment, mais pour sa conformité à ce qui est requis.

Étape 3 : Cela génère en l'enfant des crises internes. On parle par exemple du terrible à 2 ans, de la crise de 4 ans, de la crise d'ados.
Étape 4 : L'enfant commence peu à peu à se conformer à ce que l'on attend de lui et à porter un masque pour se faire accepter et plaire aux autres.

Ces 4 étapes nous montrent dans un schéma simple comment l'enfant en arrive à devenir porteur de traumatismes émotionnels. Et ces traumatismes suivent l'enfant jusqu'à l'âge adulte et constituent une charge qu'il porte toute sa vie. D'où leur impact sur la destinée de l'enfant.

En d'autres termes, les blessures émotionnelles dont nous faisons porter à nos enfants parce que nous ne sommes pas guéris nous-mêmes peuvent être traînées par ceux-ci jusqu'à l'âge adulte.
L'impact des blessures sur la destinée des enfants est au cœur du but de ce livre qui vise à conduire les parents dans un processus de guérison qui leur permettra d'assumer auprès de leurs enfants un rôle d'entraineur et

non d'oppresseur. Ceci étant la manière la plus objective pour bâtir un enfant équilibré plutôt qu'un adulte brisé à réparer.
C'est pour cela que comme parent, nous devons apprendre à nous désintoxiquer de nos propres blessures intérieures afin de commencer à nous assainir de l'intérieur et de pouvoir devenir un parent-entraîneur.

Il a fallu à Jessy et moi-même, des années pour comprendre que nous étions des personnes blessées et que dans cet état il nous était impossible de vivre cette situation de façon passive. Étant blessées, nous avons fini par comprendre que cela faisait de nous des agentes d'oppression pour des personnes qui nous entourent. Nous sommes tous les 2 parents et notre expérience nous a montré combien il est facile de blesser nos propres enfants sans nous en rendre compte. Nous ne le voulons pour aucun parent, car nos enfants en payent un prix fort dans leur destinée si cela restait méconnu.
J'ai des enfants plus vieux qui sont capables de verbaliser ces choses de nos jours. Mon fils qui est

psychoéducateur m'a raconté il y a un an que j'ai eu à le blesser lorsqu'il était au secondaire et que jusqu'aujourd'hui, cette blessure-là reste béante. Moi qui croyais être un parent modèle ne m'en revenait pas.

En effet, il y a quelques années j'ai décidé de retourner aux études en Service social. Mon fils Cédrick était au secondaire et était une icône du soccer dans son équipe-école. J'étudiais à temps plein à l'Université de Montréal au Québec et je demeurais à Saint-Hyacinthe en Montérégie. Pour me rendre à l'université chaque matin, il me fallait 2 heures et 35 minutes environ, aller et retour. Je faisais le chemin en transport en commun. Du coup, pour être au Campus à 8 heures, il fallait que je me rende à l'arrêt d'autobus à 5 heures du matin. Je quittais l'Université chaque après-midi à 16h30 pour retrouver mon domicile vers 19h00.

Pour ces raisons, je n'étais pas du tout disponible pour accompagner mon fils à ses entrainements et à ses parties de soccer. Je ne l'avais jamais fait. Mon conjoint non plus ne le faisait pas car il devait garder les plus jeunes de soir. Alors, mon fils s'arrangeait toujours avec ses amis pour obtenir un « lift » de leurs parents, et ceci pendant 4 ans.

Alors mon fils me raconte cette année, qu'il a été profondément blessé car son père et moi avons été toujours absents du stade alors que tous ses amis se faisaient acclamer par leurs parents. Il a vécu l'abandon et le rejet et cela le fait croire aujourd'hui que ce qui le concerne ne nous intéresse pas. Ce qui est un filtre de perception basées sur des croyances erronées. En revanche, nous ne pouvons pas nier sa douleur bien que pour nous il y avait une raison valable.

Notre raison valable n'avait pas empêché que notre fils soit blessé. Et nous sommes chanceux qu'il nous en parle de nos jours et qu'il nous donne la responsabilité de devoir réparer un adulte brisé.

Cette tranche de vie illustre à suffisance ce sur quoi Jessy et moi voulons attirer l'attention des parents. Lorsque nous blessons nos enfants, ils transportent ces blessures dans leur destinée si rien n'est fait pour assurer le nettoyage qui s'impose. J'ai eu la chance que notre fils

m'en parle et que nous soyons assez apaisés de nos jours pour le comprendre et participer à sa restauration.
Ce sur quoi je veux attirer notre attention c'est que n'eût été mon propre cheminement de guérison, j'aurais pu me braquer et en vouloir à mon fils. J'aurais pu tomber dans la victimisation en invoquant mes raisons valables qui n'ont pourtant pas pu empêcher qu'il soit quand même blessé et qu'il s'en trouve encore marquer à 23 ans.

Nous comprenons alors que les traumas infantiles appelés blessures émotionnelles font partie de l'essence de nos émotions à l'âge adulte. Ils peuvent nous renvoyer des perceptions erronées des situations qui auraient pu être tout simplement compréhensibles. Ils peuvent en définitive favoriser la victimisation de part et d'autre et tuer les relations parents-enfants si rien n'est fait.
Dans l'exemple que je viens de prendre, autant notre fils pouvait se camper dans la posture de la victime, autant nous, comme parents, aurions pu nous camper dans la

posture de la victime en lui en voulant de ne pas être en mesure de nous comprendre.
Pour comprendre le fonctionnement de ces blessures, on peut les comparer à une plante mise en pot qu'on maltraite alors qu'elle ne s'est pas encore enracinée. Les séquelles de ces maltraitances resteront sur la plante qui pourra rester chétive toute sa vie. D'où l'extrême importance de de comprendre ce phénomène de blessures émotionnelles, d'en guérir nous-mêmes pour mieux éduquer nos enfants.

L'un des premiers impacts est la peur de l'abandon.

La Peur de l'abandon est une prison dans le cœur de l'être blessé. L'abandon émotionnelle prend son origine lorsque la mère, ou la personne qui s'occupe de l'enfant, ne peut pas ou ne veut pas répondre en tant que figure protectrice aux peurs vécues par l'enfant. Dans mon cas, l'abandon venait du fait que ma mère était dans l'incapacité d'assumer son rôle parental en raison de la maladie. De surcroit, sa maladie avait été à l'origine de son départ de la maison familiale, nous abandonnant à nos propres soins. Je raconte cette histoire dans mon tout premier livre, *vaincre malgré l'adversité, avancer malgré la douleur.*

Nous étions laissés seuls pendant de longues périodes années et élevés plus tard par des tiers. Il peut aussi s'agir tout simplement des enfants de parents qui, pour des raisons personnelles, ne veulent pas répondre de façon adéquate aux exigences de compagnie et d'attention demandées par les enfants.

Les personnes qui ont vécu des expériences d'abandon dans l'enfance ont tendance à être peu sûres d'elles et développent une dépendance émotionnelle, basée sur la peur d'être de nouveau abandonnées. Ce fut mon cas jusqu'à ce que le Saint-Esprit fasse un travail intérieur sur moi par la grâce de Dieu. Je rencontre aussi en clinique beaucoup de parents qui présentent cette réalité sans même en être conscients.

La personne qui porte la blessure de l'abandon a tendance à adopter des comportements violents.

Il est important de comprendre que la violence intrafamiliale est un véritable chaos qui détruit les enfants. Culturellement, on nous a appris que certaines violences envers les enfants sont acceptables (gifles, fessées...). Or, de nombreuses études ont prouvé le contraire. La violence enseigne aux enfants à résoudre leurs conflits par la violence, à ne pas gérer de façon adéquate leurs explosions de colère, à résoudre leurs conflits familiaux par la loi du plus fort. Ces séquelles et blessures émotionnelles de l'enfance sont portées à l'âge adulte et affectent la personne et son entourage, générant des époux et épouses auteurs de violences.

La blessure du rejet favorise l'effet miroir.

Le rejet produit le rejet. Certains parents rejettent leurs enfants pour diverses raisons : ils naissent à un moment inadéquat, sont le produit d'une négligence, sont exactement comme l'un des parents, etc.

En effet, le rejet constant d'un enfant va créer en lui un processus d'auto-rejet. Cette blessure émotionnelle du passé se répercutera à l'âge adulte avec la sensation que jamais on ne pourra faire assez dans la vie, au travail, dans les études ou dans les relations amoureuses. Ces individus préféreront rester seuls et isolés par peur d'être rejetés.

La sensibilité à l'injustice

Par ailleurs, lorsque les enfants vivent dans l'injustice, ils en sont sensibles. Quel que soit l'âge, chaque enfant est capable d'évaluer si une situation le concernant est juste ou pas. Lorsque je vivais dans une famille différente de la mienne parce que ma mère était absente, j'ai expérimenté toute sorte de situation d'injustice. Il est important de mentionner qu'étant chez un parent qui n'est pas le nôtre, nous devenons plus sensibles à tout traitement inégalitaire. Ceci arrive aussi lorsque le parent hôte a ses propres enfants. Du coup, les enfants vivent dans un esprit de comparaison et ont tendance à observer du favoritisme et de l'injustice pour si peu, même si pour certains cas c'est vraiment un climat de traitement inégalitaire qui prévaut.

En vivant dans un tel environnement l'estime de l'enfant se détériore petit à petit, lui transmettant l'idée qu'il ne mérite pas l'attention des autres. Ce fut le cas pour Jessy et moi, chacune dans des expériences de vie familiales particulières. C'est ainsi qu'au début de mon âge adulte, j'étais très peu sûr de moi. Ce n'est que la connaissance de mon identité en Christ qui m'empêchait de tomber dans une vision pessimiste de l'existence. J'ai dû travailler fort pour pouvoir faire confiance aux autres et établir des relations. La connaissance de mon identité m'a affranchie de la tendance à penser inconsciemment que tout le monde traitait mal les enfants de ma mère.

La création d'une personnalité peu assurée : ne pas tenir ses promesses crée un trauma chez l'enfant.

Il arrive souvent à certains parents de ne pas toujours tenir les promesses qu'ils font à leurs enfants. Les enfants vivent les promesses non tenues comme étant de la trahison. Il est très important pour le parent de le savoir et de comprendre que ne pas tenir ses promesses crée un trauma chez l'enfant. Ce trauma est une blessure émotionnelle qui lui fait croire que les gens ne sont pas fiables. Ceci me fait me souvenir des nombreuses promesses de mon père lorsqu'il était garde-malade auprès de ma mère alors que j'étais enfant. Il nous promettait de venir nous voir et ne le faisait pas. Il avait une bonne raison de ne pas venir puisqu'il était près de ma mère malade, mais ce qui importe ici est de comprendre que je me sentais blessée par la promesse non tenue. J'étais incapable d'aller voir les raisons pour lesquelles il ne pouvait pas le faire. En matière de blessures émotionnelles, on n'a pas toujours besoin d'avoir raison pour être blessée. Tout se joue dans ce qu'on ressent.

Cette situation avait fait de moi un adulte à la personnalité peu assurée qui avait moins confiance aux autres.

L'humiliation est un danger pour l'estime personnel de l'enfant.

Aujourd'hui plus que jamais, on observe ce phénomène. Lorsque mon fils Fred était en 4e primaire, il a été traité de façon humiliante par une autre élève caucasienne. Pour la petite histoire, cette dernière avait vidé son aiguisoir sur le plancher. Mon fils Fred avait donc pris l'initiative de nettoyer le dégât. Et curieusement, cette jeune fille qui ne se hâtait pas à nettoyer son propre dégât lui a dit ce qui suit : « fais-le, sale petit nègre, c'est à cela que tu dois servir ». Vous pensez certainement comme moi que cette expression était dénigrante et humiliante pour mon fils.

On en vient à constater que chaque jour, on voit des enfants qui grandissent dans des environnements humiliants. La salle de classe qui aurait pu être un endroit sécuritaire pour chaque enfant est devenue un lieu où se produit de l'humiliation. Le harcèlement et l'intimidation en font partie. Les enfants sont constamment soumis à des situations humiliantes, des moqueries et des paroles dégradantes, que ce soit à l'école ou en famille.

Pour cette raison, les enfants grandissent avec une forte tendance à la dépression et une estime de soi complètement démolie. Chacun de nous se rappelle certainement quelques situations humiliantes de son enfance ou de son parcours de vie qui sont toutes destructrices les unes comme les autres. Parfois, il suffit de s'en souvenir pour comprendre à quel point ce traumatisme émotionnel dont sont victimes les enfants peut être grave et devenir un fardeau qu'ils porteront dans leur vie adulte si rien n'est fait. Notre but dans ce livre est d'emmener les parents à prendre conscience de ces dégâts et à accepter de se rééduquer pour devenir des parents entraîneur.

La sous-estimation de la peur de l'enfant n'est pas une belle intervention.

La plupart des parents sous-estiment les peurs de leurs enfants en leur disant de ne pas être peureux. Ce faisant, ils globalisent de façon inadéquate les différents types de peurs sans en établir une différence réelle. Pourtant, il est important d'entraîner l'enfant à faire une différence entre la peur imaginaire et la peur réelle afin de l'aider à savoir gérer son risque de façon intentionnelle lorsqu'il veut affronter certaines situations.

Parfois, les enfants ont besoin de patience. Et les emmener vers une immersion violente dans l'inconnu ne peut que contribuer à faire d'eux des individus peu sûrs d'eux qui ont peur du changement.

En tant que parents, il est mieux d'être très attentifs à nos comportements et nos remarques en lien avec la question de la peur. Nous avons intérêt à comprendre que quelque chose qui n'a pas de valeur pour nous peut en avoir énormément pour notre enfant et peut le marquer toute sa vie. Nous pensons qu'il serait loisible pour nous parents d'user de patience, de compréhension et de dialogue constructif à l'égard de nos enfants afin de les aider développer une saine confiance en soi.

Les enjeux spirituels des blessures de l'âme sur leur destinée.

Une âme blessée est une brèche pour Satan pour entrer dans notre vie. En effet, « le Diable rode comme un lion rugissant, voyant qui il va dévorer. Comme dans l'exemple précédent du Lion et de la Gazelle, nous sommes une proie facile toutes les fois où notre âme est blessée car notre blessure dégage une odeur qui attire notre ennemi. Il est important de comprendre que l'ennemi connait la destinée de nos enfants et son rôle et de les détourner de leur but.

Nous sommes sans ignorer que lorsque Satan rentre dans notre vie, ce n'est uniquement que pour voler, détruire et dérober. Nous devons donc impérativement cesser l'hémorragie en cicatrisant de nos blessures de l'âme.

Jésus lui-même a expérimenté les cinq blessures et par sa mort sur la croix, il a accompli notre acte de délivrance qu'il nous reste à manifester.

- Jésus a été trahi par Juda
- Jésus a été rejeté par ses frères
- Jésus a été abandonné par Pierre
- Jésus a été humilié à la croix
- Jésus a subi l'injustice en étant condamné injustement

En dépit de toutes les blessures infligées à Jésus, sa grande force était dans la manière d'aborder les situations. En AUCUN cas, il n'a laissé quelque chose atteindre son âme. AUCUNE situation n'a changé sa nature initiale. En tout temps, il est resté fidèle à lui. La Bible nous demande de protéger notre cœur plus que tout autre chose.

Je vais tenter de vous illustrer cela avec l'analogie d'une maison neuve peinte complètement en couleur jaunâtre. Un locataire vient et décide de mettre de la peinture couleur grise, un autre locataire vient mettre par-dessus la couleur brune et ainsi de suite. Au 9eme locataire, les murs de la maison sont couleurs kaki. En effet, visuellement, le mur est kaki, cependant sa vraie couleur, celle initiale est jaunâtre. Jésus est semblable à ce mur jaunâtre ou des locataires sont venus poser une autre couleur de peinture en vain. Aucune peinture n'a adhéré au mur laissant la couleur jaunâtre intact même après le 9ème locataire. C'est également ce que nous devons aspirer à être ; imperméable aux rejets, trahison, abandon, injustice et humiliation de la part d'autrui et fidèle à notre nature intrinsèque. Aucune autre couleur ne devrait teinter la nôtre. Ainsi, si vous êtes une personne joviale de nature, AUCUNE situation ne devrait vous enlever cette joie.

Si nous nous sommes laissés teinté par les couleurs des autres et laissé ainsi notre âme être blessée, notre défi est de redécouvrir notre couleur initiale, celle que nous avions initialement.

Pourquoi est-il si important de guérir ?

- Parce que lorsque notre âme est blessée, le Diable a accès à nos vies pour la détruire
- Parce que le temps est court et que si nous ne guérissons pas, il est probable que nous blessions nos enfants à notre tour et nous ayons des regrets plus tard.
- Parce qu'une âme blessée peut vous empêcher d'atteindre votre destinée
- Parce qu'une âme blessée nous empêche d'être heureux

- Parce que guérir des blessures de l'âme est agréable à Dieu
- Parce que Christ a déjà payé le prix pour nous
- Parce qu'en guérissant, nous permettons à d'autres de guérir également.

CHAPITRE 3
LE SYSTÈME DE TRANSMISSION DES BLESSURES DU PARENT À L'ENFANT

Il est important de comprendre que la personne blessée ne vit pas sa blessure de manière passive. En faisant tout pour ne pas revivre la blessure, elle finit par blesser elle-même les autres. Les relations parent-enfant sont parmi les plus puissantes et les plus influentes de la vie humaine. Au-delà de l'amour et du soutien, ces relations peuvent également être le vecteur de la transmission de blessures émotionnelles et psychologiques d'une génération à l'autre. Dans ce chapitre nous explorerons en profondeur le système de transmission des blessures du parent à l'enfant en examinant comment les traumatismes non résolus et les schémas dysfonctionnels peuvent se perpétuer au sein des familles et influencer le développement des enfants

Étape 1 : Comprendre les blessures parentales qui finissent par se transmettre

Les blessures des parents peuvent prendre de nombreuses formes, notamment les traumatismes émotionnels vécus en leur temps, les abus physiques ou sexuels, la négligence, la dépendance, les troubles mentaux non traités et les modèles de comportement dysfonctionnels. Ces blessures laissent souvent des cicatrices invisibles qui peuvent avoir un impact profond et durable sur la santé mentale, les relations interpersonnelles et le bien-être émotionnel des enfants.

Étape 2 : La transmission générationnelle des blessures.

On parle de transmission seulement lorsque la blessure du parent n'est pas guérie. Ainsi, les blessures non résolues chez les parents ont tendance à se reproduire chez leurs enfants, créant ainsi un cycle de dysfonctionnement familial. Ce phénomène est connu sous le nom de transmission intergénérationnelle des traumatismes.

Les mécanismes de transmission peuvent être explicites, tels que l'exposition directe à la violence, ou plus subtils, comme l'imitation des schémas comportementaux du parent par observation. Mais il existe aussi des mécanismes de transmission secondaires.

En effet, plusieurs mécanismes psychologiques et relationnels peuvent contribuer à la transmission des blessures parentales, notamment l'identification avec l'agresseur, la répétition compulsive des schémas traumatiques et la réactivité émotionnelle. Par exemple, les enfants peuvent internaliser les messages négatifs qu'ils reçoivent des parents et les transformer en croyances limitantes sur eux-mêmes et sur le monde qui les entoure. Exemple : Une mère monoparentale qui répète tout le temps à sa fille que les femmes ne se marient pas dans leur famille.

Cette transmission ne vient pas sans conséquences : en clinique, nous observons que les blessures parentales peuvent avoir un impact significatif sur le développement émotionnel, cognitif et social des enfants. Cela peut se manifester par des troubles de l'attachement, des difficultés dans les relations interpersonnelles, des problèmes de confiance en soi et des troubles de l'humeur ou de l'anxiété. Il est important de comprendre que les enfants sont particulièrement vulnérables aux effets des traumatismes précoces en raison de leur dépendance aux adultes pour leurs besoins fondamentaux et leur développement psychologique.

Étape 3 : Rompre le cycle des blessures transmis de parent à enfant

La prise de conscience des schémas familiaux et des blessures transmises est la première étape vers la guérison. Les individus doivent reconnaître et accepter les traumatismes de leur passé afin de pouvoir les surmonter.

Le soutien thérapeutique, la psychoéducation et les interventions familiales peuvent aider les individus et les familles à briser le cycle des blessures intergénérationnelles et à promouvoir la résilience et la croissance personnelle. N'hésitez pas à demander de l'aide professionnelle au besoin.

Étape 4 : Cultiver des relations parent-enfant saines.

Les relations parentales saines reposent sur des éléments tels que la communication ouverte, l'empathie, la validation des émotions de l'enfant, la cohérence des limites et l'amour inconditionnel. En favorisant un environnement familial sécurisé et bienveillant, les parents peuvent contribuer à protéger leurs enfants des effets néfastes des blessures parentales et à favoriser leur épanouissement personnel. Et nous pouvons déclarer sans risque de nous tromper, que ça prend un parent guéri qui adopte la posture du parent entraineur pour installer cette atmosphère dans la famille pour le bonheur des enfants.

Cette exploration du système de transmission des blessures du parent à l'enfant met en lumière les complexités des dynamiques familiales et l'importance cruciale de la guérison intergénérationnelle. La blessure de personne n'est à négliger. En comprenant les mécanismes sous-jacents de la transmission des blessures et en adoptant des approches thérapeutiques et relationnelles appropriées, il est possible de briser le cycle de la souffrance et de promouvoir le bien-être émotionnel et la résilience au sein des familles. En investissant dans la création d'environnements familiaux aimants, sécurisants et inclusifs, nous pouvons contribuer à créer un avenir où les générations futures peuvent s'épanouir et prospérer sans être entravées par les blessures du passé. En un mot, nous pouvons dans cette mesure éviter de devoir réparer, à l'infini, des adultes brisés.

CHAPITRE 4
COMMENT GUÉRIR DE SES BLESSURES POUR DEVENIR ENFIN UN PARENT ENTRAINEUR

Dans ce chapitre, nous devons vulgariser en 8 étapes le processus de guérison des blessures émotionnelles afin de devenir des parents-entraîneurs pour nos enfants. Notre souhait est que chaque parent qui lira ce livre puisse se soumettre à ce processus pour enfin adopter la posture du parent-entraineur et contribuer ce faisant, à bâtir des enfants équilibrés et forts, plutôt que de construire des adultes brisés. Alors, comment guérir en 8 étapes?

Étape 1 : En prenant conscience du type de blessures que nous portons

Il est important de savoir de quelle(s) blessure(s) nous souffrons et prendre conscience des réactions ou masques que nous adoptons. Cet exercice est à renouveler chaque jour en faisant une introspection sur nous-mêmes et en se posant la question de savoir pourquoi nous avons réagi d'une certaine façon. Pour ma part, j'ai pris conscience que j'avais réellement un problème interne lorsque je me suis rendu compte que face à un groupe de personne j'étais littéralement paralysé et incapable de donner une quelconque opinion. Aujourd'hui, à la lumière de mes connaissances actuelles, j'analyse mes comportements pour comprendre pourquoi je réagis d'une certaine manière et ainsi rétablir le tir. Pour vous donner un exemple, la blessure de l'injustice est très présente en moi et je suis désormais capable d'identifier chaque fois que le masque du rigide pointe son nez en moi. Je peux ainsi le dominer et adopter des comportements plus appropriés. Par exemple, lorsque je me sens très submergé, au lieu d'adopter le traditionnel « tout va bien », je fais l'effort de demander du soutien et de l'aide.

Étape 2 : En découvrant son identité et sa mission de vie

Lorsque vous découvrez ce pourquoi Dieu vous a créé, il est plus facile de guérir car vous comprenez que dans le cas inverse, cela peut représenter un obstacle sur votre chemin. Vous êtes tellement occupés à accomplir votre mission terrestre que vous ne voyez plus les blessures infligées comme une fatalité. Vous en arrivez à voir le cadeau derrière chacune de vos souffrances et vous arborez la vie avec plus de résilience. De son coté, Jessy est très sensible à la cause des jeunes, surtout ceux en difficultés. Cela lui permet alors d'utiliser son propre passé douloureux pour mieux les comprendre. De ce fait, elle ne voit plus les offenses qui lui ont été infligées comme des géants, mais plutôt comme des opportunités. Elle comprend que sa destinée était cachée dans mes souffrances du passé. Il en est de même pour moi. De nos jours, mon rôle auprès des Orphelins à travers le réseau Ta Seconde Chance est né du fait qu'ayant été abandonné à l'âge de 9 ans, j'ai connu une vie semblable à celle d'une orpheline et suis la meilleure personne pour comprendre leurs réalités. De la même manière, mon rôle de thérapeute est nourri par le fait que j'ai moi-même souffert de toutes les 5 blessures de l'âme sans exception.

Étape 3 : En développant l'amour à la façon de Jesus Christ.

Aimez votre prochain car c'est la le plus grand commandement de Dieu.
L'amour Agapao qui surpasse toute forme d'intelligence. C'est l'amour divin de notre père céleste. L'amour qui supporte tout, qui excuse tout, qui n'a peur de rien.

L'amour parfait. Lorsque je fais l'effort de ressentir l'amour indélébile de notre Créateur pour nous et que j'essaie de transposer cela à mon prochain, il est plus facile pour moi de le comprendre et de l'excuser. De ne pas prendre chaque chose au premier degré mais avec une très grande dose d'amour. C'est la raison pour laquelle sur la croix, Jésus a dit : « Père pardonne leur car ils ne savent pas ce qu'ils font ». Aimer est plus qu'un sentiment, c'est une force puissante qui active en nous la guérison de notre âme. C'est ce type d'amour qui irrigue le comportement empathique d'un parent-entraîneur afin qu'il soit alaise à bâtir son enfant sur ses erreurs. Cet amour permet au parent de séparer son enfant qu'il aime et le mauvais comportement qu'il n'aime pas. Cet amour permet au parent-entraîneur de voir chaque erreur de son enfant comme une opportunité de le bâtir, un nouvel aspect d'entrainement à assurer. Lorsque votre enfant ment, Dieu vous donne ainsi l'opportunité à l'entraîner à l'honnêteté. Lorsque votre enfant insulte ou intimide ses amis, vous avez ainsi l'opportunité de l'entraîner à l'amour. On peut ainsi énumérer toutes sortes d'exemples d'opportunités d'entraînement.

Étape 4 : En lisant la parole de Dieu.

« Que ce livre de la loi ne s'éloigne point de ta bouche; médite-le jour et nuit, pour agir fidèlement selon tout ce qui y est écrit; car c'est alors que tu auras du succès dans tes entreprises, c'est alors que tu réussiras. » Josué 1 :8

Lire la parole de Dieu de manière constante nous permet d'être continuellement dans la présence de Dieu et de comprendre sa pensée. La lecture de la parole est comme une eau vive qui restaure notre âme. Elle nous apporte le message de la vérité qui nous affranchis de nos liens. Elle nous donne une direction pour notre vie. Ainsi, la lecture de la Parole de Dieu aide grandement dans notre processus de guérison intérieure. Personnellement je l'ai expérimenté à plusieurs reprises. En lisant dans la parole, je réalise souvent ma petitesse devant l'infinie grandeur de Dieu. Je réalise aussi combien de nombreux personnages animés du St-Esprit ont soufferts également et comment ils ont surmonté leurs souffrances. Cela m'aide beaucoup.

Étape 5 : Par la parole

La bible dit que la vie et la mort sont au pouvoir de la langue. Tu as le pouvoir de transformer chaque situation de ta vie par ta parole. Il y a plusieurs manières d'utiliser la parole. Cela peut être pour prier à Dieu, pour louer, pour offrir des actions de grâces, pour proclamer ce que tu veux voir arriver dans ta vie…Utilisons cette arme fatale que Dieu a mis en notre disposition à notre avantage. Par la parole, nous pouvons guérir notre âme. Nous avons vu précédemment que les blessures émotionnelles ouvrent la porte au diable dans notre vie. Conscient de cela, nous devons comprendre qu'on ne gagne pas le diable la bouche fermée. C'est parole contre parole. Autant il parle sur notre vie, autant nous déclarons à haute et intelligible voix les promesses de l'Éternel pour nous. Et c'est une belle piste de guérison car la parole de Dieu proclamée est l'arme puissante pour renverser les forteresses. Croire en Dieu ne suffit pas. Même le Diable croit que Dieu est Dieu. Croire que Dieu peut guérir notre âme ne suffit pas. Il faut proclamer ses promesses qui nous assurent son intervention. L'ennemi n'a ni peur de nous, ni peur de notre foi muette. Mais est a terriblement peur de ce que nous pouvons déclarer. Alors servons nous de notre bouche et déclarons les promesses de Dieu sur notre vie et sur celle de nos enfants.

Voici une prière qu'il est important de faire ; « Seigneur restaure mon âme. Lave mon âme ainsi que celles de mes enfants par les eaux vives de ta puissance. Purifie mon âme ainsi que celles de mes enfants, au Nom de Jésus. Je te le demande père, conformément à l'œuvre de la croix, car il est écrit que par tes meurtrissures nous sommes guéris ».

J'aime souvent dire à mes enfants que lorsqu'ils chantent à Dieu, c'est de la nourriture agréable qu'ils donnent au Seigneur.

Étape 6 : En pardonnant

Voici un point qui n'est pas facile et qui fait souvent défaut dans notre processus de guérison, **le pardon**. Comment pardonner l'impardonnable ? Comme son nom l'indique, pardonner veut dire « donner une part de soi ».

Jessy a été abusée par un membre de sa famille. Il a gâché sa vie et elle devrait par-dessus tout, lui donner une part d'elle ? Cet homme lui avait volé ses rêves. Il l'a trompé et s'est joué d'elle. Aujourd'hui, elle souffre encore de cette situation et devrait lui donner une part d'elle ? Cette amie en qui j'avais confiance, m'a trahi, créant en moi un sentiment de trahison profonde et je devrais lui donner une part de moi ? IMPOSSIBLE me diriez-vous ! Pourtant incontournable. Cette nourrisse chez qui j'ai séjourné m'a rejeté et je devrais lui donner une part de moi? La seule voie de la guérison passe nécessairement par le PARDON. Il n'y a pas une voie qui nous permette d'y échapper. Alors pourquoi devrais-je pardonner mon bourreau ? OUI, pour les raisons suivantes :

- Parce que dans la vie, il n'existe pas de personnes méchantes mais des personnes souffrantes. Il est fort possible qu'une personne qui vous a fait du mal, souffre elle aussi intérieurement car on ne donne que ce que l'on a.
- Parce qu'il est probable que tout au long de votre vie, vous ayez vous aussi offensé et fait du mal à d'autres personnes de manière conscientes ou inconscientes et que vous méritez également le pardon. Que celui qui n'a jamais péché jette la première pierre, disais Jésus dans la Bible.
- Parce que Jésus lui-même dans toute Sa Grandeur et Sa Splendeur a pardonné.

La vraie force d'une personne se mesure dans sa capacité à pardonner l'impardonnable. J'ai vu il y a plusieurs années un reportage sur un groupe d'Amiche (chrétiens religieux). Un homme a tiré sur plusieurs personnes de ce groupe, retirant ainsi plusieurs vies dont celles d'enfants. L'Amour qu'ils avaient était si grand et puissant, qu'au lieu de ressentir de la haine pour cet homme, ils se sont mis à prier pour lui. Dans mes souvenirs, ils allaient lui rendre visite en prison et lui parlait de la parole de Dieu. Cet homme a été touché par un tel amour qu'il a lui-même donné sa vie à Dieu et il est devenu un fervent serviteur. Le pardon est la preuve ultime de l'amour. Ça nous prend la capacité de pardonner pour demeurer ce parent-entraineur pour nos enfants qui ont adopté une veine manière de vivre et nous donner la chance de les ramener sur le bon chemin.

Étape 7 : En se faisant former

« Mon peuple périt faute de connaissance. »
La guérison des blessures de l'âme est un processus complexe. Des années de souffrances accumulées et de blessures superposées ne peuvent se régler d'un coup de baguette magique. Cela demande de se faire accompagner par des personnes qualifiées. Des personnes qui ont su par le témoignage de leur vie, faire face et dominer sur leurs blessures du passé. Ceux qui

sont académiquement qualifié dans le domaine de la psychologie et de la relation d'aide pour offrir un accompagnement qui soit adéquat. Les personnes peuvent également s'engager dans un processus d'autosoins en s'assurant d'obtenir de bons outils faciles d'usage tel que l'outil d'autocoaching qui fait partie de l'approche NOVARA créé par moi-même dans ma pratique. Cette approche est divulguée dans mon livre *Ose, car personne ne te doit rien,* un guide pratique pour passer de la victimisation à la responsabilisation disponible sur Amazon.

J'aimerais ajouter que toutes blessures de l'âme est d'abord et avant tout spirituelle. Je vous recommande donc de privilégier des thérapeutes ou professionnels qui soient également chrétiens. Je pense ainsi que la guérison de vos blessures sera plus profonde et complète ainsi.
Il est également possible de lire certains ouvrages dans le domaine de la guérison des blessures tel que ceux de Lise Bourbeau.

Étape 8 : En persévérant

Comme je l'ai mentionné, la guérison ne viendra pas comme un coup de baguette magique. C'est un processus qui demande temps et patience et qui peut prendre toute une vie. La plus important est de vouloir guérir de prendre des mesures et de se mettre en action en conséquence. Au fur et à mesure, les gens autour de vous remarqueront un changement positif. Vous-même commencerez à faire des choses que vous n'auriez jamais pensé pouvoir faire. Votre système de pensée sera renouvelé. Vous vous sentirez plus libre intérieurement, plus confiant, mieux dans votre peau. Vous deviendrez ainsi une meilleure personne et par conséquent, un meilleur parent pour vos enfants.

Jessy me partageait que pour sa part, elle a compris qu'elle était sur la bonne voie de la guérison lorsqu'elle a pris son téléphone après 15 ans de silence pour parler à ce père absent. Sans surprise, son géniteur lui a affirmé qu'il a toujours été un excellent papa et qu'elle était une fille matérialiste et capricieuse. Au lieu que cela lui fasse mal, Jessy s'est sentie fière d'avoir fait ce pas. Elle a surtout compris que ce père est également blessé, ce qui a attiré plutôt son empathie.

Je comprends que je guéris lorsque j'allume ma caméra pour faire une vidéo sur les réseaux sociaux et faire passer mon message alors que plus jeune, on me qualifiait de timide maladive, je souffrais de mutisme. Jessy et moi avons expérimenté plusieurs preuves de notre restauration en effet. Nous comprenons que nous sommes sur le bon chemin chaque fois que nous parlons aux personnes et que naturellement des paroles d'encouragements sortent de nos bouches.

Je refuse désormais que mes blessures du passé continuent à prendre le dessus sur ma vie. Je dis NON ! Je désire être le capitaine à bord de mon navire et veut offrir à mes enfants ce que je n'ai pas eu la chance d'avoir. En persévérant dans ma guérison, je permets ainsi à ma génération future de se lever comme des vaillants éduqués avec amour et empathie, entraînés pour marcher dans leur destinée et accomplir des exploits.

CHAPITRE 5
COMMENT SAVOIR SI ON EST GUÉRI ?

La guérison des blessures émotionnelles est un processus profondément personnel et souvent complexe. Ces blessures, qu'elles soient causées par des expériences traumatiques du passé ou des schémas de pensée destructeurs, peuvent exercer une influence significative sur notre bien-être émotionnel et notre qualité de vie. Dans ce chapitre, nous explorerons les signes révélateurs qui indiquent que nous avons progressé sur le chemin de la guérison émotionnelle. De la conscience de soi à la capacité de vivre pleinement dans le présent, nous examinerons les marqueurs de la guérison et les étapes essentielles pour atteindre un état de bien-être émotionnel durable. Alors, comment savoir si on est guéris des blessures émotionnelles?

Marqueur de guérison 1 : La conscience des blessures qu'on porte

La première étape qui marque le chemin de la guérison consiste à reconnaître et à accepter l'existence des blessures émotionnelles. Cela implique d'être conscient des schémas de pensée et des comportements qui sont enracinés dans ces blessures.

La prise de conscience de nos propres blessures émotionnelles peut être difficile et douloureuse, mais c'est un préalable essentiel pour entamer le processus de guérison. Et dès ce moment, ce qui marque la décision de guérir est que regarder en arrière avec amertume ne nous intéresse plus. Nous ne cherchons plus les coupables, mais nous décidons de nous occuper de l'enfant blessé en nous et de lui donner nous-même ce que ces personnes n'ont pas pu lui donner. C'est une façon de passer de la victimisation à la responsabilisation tel que décrit dans mon livre *Ose, car personne ne te doit rien.* On pourrait se dire, ose guérir car personne ne doit le faire pour toi. Le bonheur étant que lorsque tu le fais pour toi, tu agis en prévention pour tes enfants que tu feras attention de blesser à ton tour.

Marqueur de guérison 2 : L'engagement à explorer les origines des blessures

Comprendre les origines et les causes sous-jacentes de nos blessures émotionnelles est crucial pour les traiter efficacement. Cela peut impliquer de revisiter des événements traumatiques du passé ou d'identifier les schémas de comportement transmis par la famille.

L'exploration de ces origines peut se faire avec l'aide d'un thérapeute, d'un mentor ou par le biais de pratiques d'auto-réflexion telles que la méditation ou l'écriture journalière. Dans l'entreprise Ta Seconde Chance Inc., cette démarche de relecture de vie se fait au travers du programme Éveil & Envol où l'usager est guidé au travers d'une approche réflexive et de thérapie par l'écriture qui met tout à nu pour mieux soigner. Ceci est fait de la même manière qu'une infirmière enlève la peau morte sur une plaie pour mieux la soigner.

Les 3 éléments qui ressortent de cette étape pour marque la progression sur le chemin de la guérison sont les suivants : la personne découvre le cadeau caché derrière ses souffrances et comprend sa mission de vie. La personne change de perception, arbore un filtre de non victimisation qui renouvelle ses pensées et éloignes d'elle toute pensées nuisibles.

Marqueur de guérison 3 : Lâcher prise et acceptation

La guérison émotionnelle implique souvent de lâcher prise sur le ressentiment, la colère ou la culpabilité associés aux blessures du passé. Cela ne signifie se libérer notre propre charge émotionnelle. L'acceptation de ce qui est arrivé et de ce que nous ressentons est une étape puissante vers la guérison, nous permettant de nous détacher du passé et de nous ouvrir à de nouvelles possibilités. Le plus grand signe de cette étape est que la personne décide de pardonner et d'avancer. Elle utilise son passé douloureux comme un témoignage transformateur pour les autres. C'est exactement ce type de témoignage qui ressort de mon livre *Vaincre malgré l'adversité, avancer malgré la douleur.*

Marqueur de guérison 4 : Cultiver l'empathie envers soi-même

La guérison émotionnelle nécessite une compassion profonde envers soi-même. Cela signifie reconnaître nos propres souffrances et difficultés avec tendresse et compréhension, plutôt que de nous juger ou de nous critiquer.

Pratiquer l'auto-empathie nous permet de développer une relation plus aimante et compatissante avec nous-mêmes, ce qui renforce notre résilience face aux défis de la vie. Le plus grand signe visible est lorsque la personne comprend que le véritable bonheur se trouve à l'intérieur d'elle-même. Alors elle se lève pour sa destinée car elle comprend que personne ne lui doit rien.

Marqueur de guérison 5 : Vivre dans le présent

Un signe révélateur de la guérison émotionnelle est la capacité à vivre pleinement dans le présent, sans être constamment en proie aux regrets du passé ou aux appréhensions concernant l'avenir. Cela implique de développer une conscience pleine et une appréciation pour les moments simples de la vie, en cultivant la gratitude et en savourant les joies du quotidien. À cette étape, la personne décide que la blessure ne va plus la dominer. On commence à vivre véritablement dans le présent quand on comprend que son temps sur terre est compté. Alors on ne gaspille plus son temps dans l'amertume, on ne passe plus le temps à vivre dans des schémas ou à vivre une vie qui n'est pas la nôtre tout en détruisant celle de nos enfants.

Marqueur de guérison 6 : Relations interpersonnelles plus saines :

Lorsque nous sommes guéris de nos blessures émotionnelles, nous sommes mieux équipés pour établir des relations interpersonnelles saines et équilibrées. Nous sommes capables d'exprimer nos besoins et nos limites de manière authentique, tout en offrant soutien et compréhension à nos proches.

Nos relations deviennent des sources de soutien et de croissance mutuelle, plutôt que des miroirs de nos propres blessures non résolues. À cette étape nous sommes aptes à exprimer une profonde gratitude en savourant les joies du quotidien. Nous commençons à voir opportunités et non des problèmes. Même les mauvais comportements de nos enfants se présentent à nos yeux comme des opportunités de croissance, des opportunités de mieux les bâtir.

Marqueur de guérison 7 : Croissance personnelle continue

La guérison émotionnelle n'est pas un état final, mais plutôt un processus continu de croissance et de transformation. Même lorsque nous avons fait d'énormes progrès dans notre voyage vers la guérison, il est important de rester ouvert à l'apprentissage et à l'évolution.

La recherche de la guérison émotionnelle peut nous conduire sur des chemins de découverte de soi profonds et enrichissants, nous permettant de réaliser notre plein potentiel en tant qu'êtres humains et en tant parent-entraîneur.

En somme, nous pouvons dire que la guérison émotionnelle est un voyage profondément personnel et significatif qui demande du temps, de la patience et du dévouement. En reconnaissant les signes révélateurs ou les marqueurs de la guérison et en embrassant le processus avec ouverture et compassion, nous pouvons libérer nos esprits et nos cœurs des chaînes du passé.

Nous pouvons par la même occasion vivre pleinement dans le présent. En investissant dans notre propre bien-être émotionnel, nous créons un avenir plus lumineux pour nous-mêmes et pour ceux qui nous entourent, où la guérison et la croissance personnelle sont des aspirations accessibles à tous. Guérissons et devenons des parents-entraîneurs!

CHAPITRE 6
LE CHOIX DU STYLE ÉDUCATIF : PARENT BLESSÉ OU PARENT ENTRAINEUR

Pour être plus sensible aux enjeux des blessures émotionnelles en tant que parent, il est important de comprendre comment apprennent les enfants et nous positionner comme parent entraineur et non comme un parent blessé et oppresseur malgré nous.

Comme parents, nous devons prendre conscience de cette réalité pour contrôler et réviser constamment nos pensées, nos dires et nos actions envers nos enfants en particulier et dans notre famille en général. Nous devons nous rappeler que les enfants apprennent plus en regardant faire qu'en écoutant ce que l'on dit. Arrêtons le modèle qui consiste à dire à l'enfant la phrase suivante : « Fais ce que je dis et non ce que je fais ».

Les bons entraineurs ont ceci de particulier, c'est qu'ils modélisent le comportement et l'action qu'ils veulent enseigner à leurs apprenants. Il pratique la répétition afin de viser l'acquisition de la compétence chez l'apprenant. Le modélage est donc un processus d'apprentissage qui devrait inspirer le parent dans son rôle auprès de son enfant. Il n'est pas juste une autorité qui dit et la chose se fait, il est un entraîneur qui amène tranquillement le jeune à installer de nouvelles habitudes et à développer de nouvelles habiletés sociales et spirituelles.

Le parent blessé a tendance à prendre la voie autoritaire croyant bien faire. Du coup, il provoque de façon inconsciente la révolte tranquille ou bruyante chez son jeune enfant. Du coup, cette révolte qui est une expression émotionnelle de l'enfant renforcera davantage la blessure du parent tout en blessant l'enfant également. Dans le schéma, on ressort avec un 2e blessé qui est l'enfant, une destinée brisée.

Par ailleurs, ce parent peut obtenir la collaboration involontaire de son enfant. Cette collaboration involontaire correspond à une obéissance par peur qui n'est rien d'autre qu'une mesure adaptative de l'enfant blessé : c'est un masque. Cet enfant qui obéit par peur est en réalité blessé et tente d'acheter une pseudo-paix par la manifestation d'un masque qui l'empêche d'être lui-même. Dans les 2 cas, le parent exprime sa blessure et l'enfant s'en sort blessé tout de même.

En clinique, je rencontre des enfants qui, en cours de thérapie, vont rapporter tous ces moments où ils ont obéi par peur sans rien dire alors qu'ils étaient profondément blessés. Ils disent l'avoir fait pour acheter une paix irréelle ou pour se faire accepter tout simplement. Se faire accepter à tout prix est une mesure adaptative pour ne pas revivre le rejet, c'est un masque.

Jessy et moi vous prions, chers parents, de comprendre que nos enfants ne nous sont pas livrés avec un manuel et que nous devons être assez ouverts pour apprendre chaque jour et développer notre style parental, nos capacités à faire face à chaque obstacle rencontré sur notre parcours de parent.
Le modèle parent proposé dans ce livre est le modèle du PARENT ENTRAÎNEUR qui est à l'opposé du modèle du PARENT BLESSÉ ET OPPRESSEUR MALGRÉ LUI.

Il est important pour nous de mentionner qu'un parent parfait n'existe pas, mais nous pouvons devenir le meilleur parent possible en choisissant tout d'abord de guérir de nos blessures et ensuite en optant pour la posture du parent-entraineur développé par moi-même Lina Aroba, à la lumière de mon expérience de parent et des activités cliniques menées auprès des parents et des adolescents. Et en tant que parent-entraîneur, nous devons mettre en pratique nos capacités d'observation, de modélisation et de communication positive. Une de mes mentis, Kady Cissé a bien compris cela et a écrit un livre dans lequel elle a partagé 100 expressions à utiliser par les parents pour encourager les comportements positifs chez les enfants. Le titre de son livre est le suivant : *créer un lien parent-enfant plus fort.* Il est en vente sur Amazon et je vous le recommande fortement.

Pour devenir Parent-entraîneur, il est indispensable de connaître aussi les principales blessures émotionnelles et traumas qui peuvent apparaître dans la vie émotionnelle des enfants, afin de toujours les prévenir lorsqu'on veut agir. Un entraîneur dans un camp de soccer prend toutes les mesures nécessaires pour qu'aucun joueur apprenant ne se blesse. C'est fondamental. Il reste avisé et s'assure d'être le modèle pour son apprenant. Il s'assure aussi d'être un leader transformationnel et holistique qui s'occupe des détails tant au niveau physique que psycho-émotionnel.

Un parent entraîneur a cette attitude de leader transformationnel holistique qui s'assure du bien-être et de l'équilibre psycho émotionnel de son enfant. Il modélise autant de fois que nécessaire, car il sait que son apprenant l'est parce qu'il ne sait pas. Il comprend que son apprenant n'est pas sensé tout maîtriser tout de suite parce que cela a été dit. C'est un parent qui donne la chance à son enfant de faire ses erreurs et d'apprendre. Il voit chaque erreur de son enfant comme une opportunité de le faire grandir dans un aspect ou un autre de sa vie. En un mot, il accepte de bâtir son enfant sur ses erreurs et non sur ses succès. Il sait qu'un enfant bâti sur ses erreurs est qualifié pour être un leader transformationnel à son tour.

Le parent entraîneur est un parent aligné car il fait lui-même ce qu'il dit et reste conscient qu'il est le miroir de son enfant. Il comprend que l'enfant apprend dans ses actions et non dans ses dires et injonctions. Il est courant dans notre société de voir des parents qui sont champion des « il faut ».

Les parents blessés mettent des attentes sur leurs enfants alors que leur comportement et leurs actions véhiculent un message contraire. Par exemple, un parent qui demande à l'enfant de ne pas passer tout le temps sur les écrans tout en restant lui-même scotché sur le sien. Un autre parent dirait à son fils de ne pas médire des amis pourtant lui-même il parle dans le dos de ses amis en présence de son fils. La mauvaise nouvelle est que cet enfant sera porté à modéliser le comportement de son parent et non à faire nécessairement ce qu'il dit.

Pourtant, le parent entraîneur s'applique à être le modèle pour son enfant même si cela n'exclut pas des cas où l'enfant se laisser entraîner par d'autres types d'influences envahissantes. Étant conscient de cette hypothèse, le parent-entraîneur agit comme un avant-gardiste et s'assure de faire évoluer ses enfants dans des environnements intentionnellement choisi. Il choisit son quartier intentionnellement, choisit ses propres fréquentations intentionnellement pour éviter un effet de contamination sur ses enfants. Il s'assure de transmettre à ses enfants un système de valeur adéquat dès le bas âge et travaille à leur fondation, c'est à dire leur identité en Christ. Il entraîne ses enfants à se discipliner au niveau des portes de leur personne que sont les 5 sens.

Le parent entraîneur est un parent disponible pour ses enfants. Il laisse une place importante à l'écoute et laisse ses enfants s'exprimer. Il n'invalide pas les prise de parole de son enfant et requiert son point de vue en toute chose même si ce point de vue ne sera pas retenu.

Le parent-entraîneur se positionne comme le partenaire de son fils pour ce qui est de la gestion des mauvais comportements. Il agit toujours par amour et a la capacité de séparer son enfant qu,il aime du mauvais comportement qu'il n'aime pas. Ensuite, il comprend qu'il ne peut régler le mauvais comportement de son enfant sans collaborer avec lui. Du coup, lorsqu'une situation se présente, il témoigne déjà son amour à son fils et l'invite à une causerie de résolution pacifique de problèmes. Il explique sa vision du problème, requiert la vision de son fils en lien avec le problème observé. Demande à ce dernier comment ils peuvent faire pour le régler. Offre son support.

Le parent-entraineur garde le sourire et rend grâce à Dieu pour toute chose.

Le parent-entraineur ne laisse pas parler ses émotions à sa place. Le parent-entraîneur comprend que chacun de ses enfants est unique. Il ne les compare pas les uns aux autres. Le parent entraîneur n'a pas de sujet tabou, il parle à cœur ouvert avec ses enfants. Le parent entraîneur parle de ses propres vulnérabilités de façon authentique. Il ne laisse pas croire à son enfant qu'il est parfait. Le parent-entraineur en couple travaille à être un conjoint modèle. Il est conscient que son comportement éduque de futur conjoints et conjointes. Le parent entraineur reconnait sa faute et demande des excuses. Le parent-entraîneur ne discrimine pas les enfants d'autrui, il ne médit pas. Le parent-entraîneur est humble et transmet cette humilité à ses enfants. Le parent-entraîneur honore ses propres parents. Le parent-entraineur monétise ses propres talents et bâtit un héritage pour ses enfants et les enfants de ses enfants. Le parent-entraîneur est discipliné.

Le parent-entraîneur prie, proclame et donne la direction à la vie de ses enfants. Il les couvre de bénédictions au quotidien, annulant ainsi toute possibilité de les blesser lui-même. Il renforce leur identité par les proclamations et met un doigt d'honneur sur les moments de bienveillance parent-enfant.

Le parent entraîneur est guéri et ne se victimise plus. Sa paix et sa joie ne dépend pas du comportement de ses enfants. Il est en joie et en paix et travaille à l'édification comportementale de ses enfants. Le parent-entraineur est un bon gestionnaire des enfants que Dieu lui a confié.

PARTIE B :

EXERCER EFFICACEMENT LE RÔLE DE PARENT-ENTRAÎNEUR

CHAPITRE 1

ENTRAÎNER SON ENFANT À S'AIMER ET À AIMER LES AUTRES

Le parent-entraîneur entraîne son enfant à cultiver l'amour de soi, pour pouvoir aimer les autres. L'amour de soi est le fondement des relations saines et épanouissantes avec les autres. En tant que parents, notre rôle est bien plus important que de fournir simplement un soutien matériel et émotionnel à nos enfants. Nous avons également la responsabilité de leur enseigner leur identité en Christ et leur enseigner à s'aimer eux-mêmes.

Dans ce chapitre, nous explorerons le concept d'entraînement parental visant à cultiver l'amour de soi chez l'enfant dans le but ultime de favoriser l'amour envers les autres. De la construction de l'estime de soi à la pratique de la compassion, nous examinerons les stratégies et les pratiques parentales qui peuvent aider à façonner des individus aimants et empathiques. Nous expliquons étape par étape ce qui aiderait un parent à atteindre cet objectif spécifique.

Étape 1 : Aider notre enfant à comprendre l'amour de soi.

L'amour de soi est un sentiment profond d'appréciation, de respect et de bienveillance envers soi-même. Cela implique d'avoir une vision positive de sa propre personne et de ses capacités, ainsi que d'accepter ses faiblesses et ses imperfections. En cultivant l'amour de soi chez leurs enfants, les parents leur offrent un socle solide sur lequel bâtir des relations saines et équilibrées avec leurs pairs, avec les adultes et avec les autorités.

Voici un exercice bon à faire : valoriser nos enfants, lui parler de ses forces, lui dire que c'est normal d'avoir aussi des faiblesses, lui parler de ses privilèges liés à son identité en Christ.

Étape 2 : Modéliser un amour propre sain en tant que parent.

N'oublions pas la base : le parent-entraîneur est le modèle de son enfant et est conscient qu'il lui enseigne des choses par modélisation. Les enfants apprennent avant tout par l'exemple. En tant que parents, il est essentiel de montrer à nos enfants ce que signifie s'aimer soi-même en pratiquant un amour-propre sain dans nos propres vies. Cela peut inclure des comportements tels que prendre soin de notre santé physique et mentale, fixer des limites saines, et s'accorder du temps pour le repos et la détente. Parfois, il nous arrive de dire à notre enfant qu'il doit manger sainement, qu'il doit bouger ou qu'il doit se décrocher des écrans pour se reposer. Toutefois, notre comportement lui enseigne autre chose, complètement le contraire de ce que nous lui demandons. Un tel enfant aura tendance à se conformer davantage à ce que nous modélisons qu'à ce que nous lui demandons de manière audible. Dès que j'ai compris ceci dans ma propre vie, j'ai commencé à prêcher à mes enfants par l'exemple et j'ai vu une vague de transformations au niveau de leurs comportements.

Étape 3 : Encourager une saine expression des émotions.

Une partie essentielle de l'amour de soi est la capacité à reconnaître et à exprimer ses émotions de manière saine et authentique. Les parents peuvent encourager cette expression en créant un environnement familial ouvert et non-jugeant, où les enfants se sentent libres d'exprimer leurs sentiments.

En validant les émotions de leurs enfants et en leur apprenant à gérer le stress et l'anxiété, les parents les aident à développer une compréhension plus profonde et plus aimante d'eux-mêmes. Mais dans certaines familles, aucune place n'est donnée à l'expression de ce que les enfants ressentent. Ils sont interdits de dire comment ils se sentent et s'ils tentent de le faire, ils seront brimés. Observons que le ressenti n'a rien à voir avec la raison. Parfois, bien que l'enfant n'ait pas raison, il est important de ne pas invalider son émotion comme s'il ne l'avait pas véritablement ressentie. Nous recommandons au parent-entraîneur d'accueillir l'émotion de son enfant et de l'amener avec bienveillance à changer la perception erronée qui est à l'origine de son ressenti. L'émotion dépend de la perception et non de la raison, et nous devons le savoir.

Étape 4 : Promouvoir l'acceptation de soi auprès de l'enfant.

L'acceptation de soi est un aspect crucial de l'amour de soi. Les parents peuvent aider leurs enfants à cultiver cette acceptation en soulignant leurs forces et leurs réalisations, tout en reconnaissant que personne n'est parfait et qu'il est normal de faire des erreurs. Ceci inclut le fait d'avouer à nos enfants nos propres erreurs et nos propres faiblesses. Les discussions les plus appréciées par mes propres enfants c'est lorsque mon conjoint et moi leur parlions de nos faiblesses, de nos échecs du passé et de nos vulnérabilités. Ce sont les causeries qui ont fait grandir nos enfants en sagesse et en stature.

En encourageant une attitude de bienveillance envers eux-mêmes, nous avons renforcé leur confiance et leur estime de soi, leur permettant de développer des relations plus authentiques et plus enrichissantes avec les autres. Je pense que cette authenticité dans le dialogue avec notre fils Julius Cédrick a fait de lui l'excellent leader qu'il est pour sa génération. Notre authenticité a fait d'Adrien l'excellent investisseur immobilier qu'il est à l'âge de 23 ans.

Étape 5 : Favoriser l'empathie et la compassion chez nos jeunes.

L'amour de soi s'étend au-delà de la relation avec soi-même pour inclure une connexion profonde avec les autres. Les parents peuvent encourager cette connexion en entraînant leurs enfants à l'empathie et à la compassion envers les autres. Cet entraînement à l'empathie commence à la maison. Le parent-entraîneur doit s'assurer de créer une dynamique d'empathie et de compassion au niveau familial afin de préparer son enfant à la manifester dans la cour de l'école, dans sa classe, et dans toute la communauté. Ce qui n'est pas construit à la maison sera difficilement construit à l'extérieur bien que cela soit possible. Le faire à partir de la maison c'est contribuer à bâtir un enfant fort et priver la société de devoir réparer à sa manière un adulte brisé.

Dans le cadre de mon travail en tant qu'intervenante psychosociale, je rencontre un nombre important de personnes adultes vides d'amour, d'empathie et de compassion. Ces gens-là ont un discours « victimisant » et ont l'impression qu'on leur doit tout. En vérité, ils sont tout simplement brisés. Ils attendent que tout leur soit donné, parce qu'en réalité, ils sont blessés et vides, ils n'ont rien de bon à donner.

Voici quelques activités par lesquelles nous pouvons entraîner nos enfants à l'empathie et à la compassion : le bénévolat, les actes de gentillesse aléatoire et les discussions sur les expériences et les perspectives des autres aident les enfants à développer une sensibilité aux besoins et aux sentiments des autres. Ce bénévolat peut commencer dans la famille par de petits challenges.

Exemple : tenir un journal familial des actions bénévoles entre frères et sœur. Il s'agit plus précisément d'avoir un registre familial à tenir à jour. Une fois par semaine, chaque enfant inscrit une action bénévole qu'il a accomplie dans ce registre. Le lire et féliciter chacun pendant le temps de causerie familiale du dimanche.
Une autre belle manière de développer l'empathie et la compassion de vos enfants envers vous quand vous seriez plus âgés, c'est de modéliser ce comportement à l'égard de vos propres parents ou à l'égard des personnes âgées dans votre environnement social.

Étape 6 : Célébrer la diversité et l'inclusion en présence de vos enfants.

Dans l'école primaire de ma fille, un enfant lui a dit qu'elle est noire et que des personnes comme elles devraient vivre dans la nature, c'est-à-dire en forêt. Observons ensemble que cet enfant a un manque d'ouverture à la diversité.

Un parent-entraîneur doit veiller à ce que ses enfants aient cette ouverture. Nous sommes au Canada, un pays multiculturel, un véritable carrefour mondial de la diversité. En tant que parents, notre propre ouverture à la diversité et le type de langage que nous tenons sur les autres équipent nos enfants d'une certaine manière.

En les entraînant à s'aimer eux-mêmes, les enfants sont mieux équipés pour apprécier et célébrer la diversité sous toutes ses formes. Les parents peuvent encourager cette attitude en exposant leurs enfants à différentes cultures, modes de vie et perspectives. En promouvant l'inclusion et le respect de la diversité, les parents enseignent à leurs enfants la valeur de chaque individu, renforçant ainsi leur capacité à aimer et à respecter les différences. Ce qui est vital pour notre société. Nous savons que les maux comme l'intimidation en milieu scolaire ont à la base l'absence d'ouverture à la différence.

Comme parents-entraîneurs, nous avons une responsabilité importante à ce sujet. Nous sommes conscients de l'existence des influences extérieures. Toutefois, nous pouvons vous affirmer que les enfants les plus vulnérables sont ceux dont les fondations ne sont pas solidement bâties. Quand nous parlons de fondations, nous parlons d'identité.
En réalité, l'intimidation qui est un mal au cœur de la diversité ne prospère que parce que la personne intimidée a une difficulté au niveau de l'amour de soi et de son identité. Nous ne puisons la force que dans notre identité pour être inébranlables. Cette façon de penser ne consiste pas à donner une raison d'être à l'intimidation, mais plutôt à entraîner nos enfants de tout

bord, afin que personne ne nourrisse par sa réaction le comportement de l'intimidateur. N'oublions jamais que tout ce qu'on nourrit grandit.

Dans le développement émotionnel et social de l'enfant, être parent-entraîneur est un investissement précieux. En enseignant à nos enfants à s'aimer eux-mêmes, nous créons des bases solides pour des relations saines et équilibrées avec les autres. En cultivant l'amour de soi, l'empathie et la compassion, nous aidons nos enfants à devenir des individus aimants et altruistes qui contribuent positivement au monde qui les entoure. En fin de compte, l'amour de soi est un cadeau précieux que les parents peuvent offrir à leurs enfants, leur permettant de s'épanouir pleinement en tant qu'êtres humains, aimants et compatissants.

CHAPITRE 2

ENTRAÎNER SON ENFANT À DEVENIR UN CITOYEN MODÈLE.

Les aptitudes du parent-entraîneur favorisent la construction d'un citoyen modèle. Dans son rôle, le parent-entraîneur construit les fondations d'une citoyenneté engagée et responsable. En tant que parents, l'une de nos plus grandes aspirations est d'élever des enfants qui deviennent des citoyens exemplaires, contribuant positivement à leur communauté et à la société dans son ensemble. Dans ce chapitre, nous explorerons les stratégies et les pratiques que les parents peuvent utiliser pour entraîner leurs enfants à devenir des citoyens modèles. De l'enseignement des valeurs fondamentales à l'encouragement de l'engagement civique, nous examinerons les moyens par lesquels les parents peuvent construire les fondations d'une citoyenneté engagée et responsable chez leurs enfants.

Moyen 1 : Le parent-entraîneur enseigne les valeurs fondamentales de la citoyenneté à ses enfants.

Mon mari et moi n'avons pas toujours tout fait comme il faut, mais nous avons joué un rôle crucial auprès de nos enfants au niveau de l'enseignement des valeurs fondamentales de la citoyenneté telles que le respect, la tolérance, l'empathie, le sens du bien commun et la justice. Ces valeurs ont servi de base à un comportement civique responsable de nos enfants et à leurs interactions positives avec les autres membres de la société. Nous sommes très fiers de l'avoir fait et de leur avoir donné l'occasion favorable d'expérimenter leur leadership dans le cadre des Cadets de l'Armée canadienne.

En modelant les bonnes valeurs face à nos enfants et en les enseignant activement ces choses, nous les avons aidés à développer un sens de l'intégrité et de la responsabilité envers leur communauté au travers des actions bénévoles.

Moyen 2 : Le parent-entraîneur enseigne à ses enfants l'engagement civique dès le plus jeune âge.

Nous avons eu la chance de comprendre que l'engagement civique ne devrait pas être réservé aux adultes, car les enfants reproduisent plus tard ce qu'ils ont appris lorsqu'ils étaient jeunes. Dans proverbes 22 :6 "Instruis l'enfant selon la voie qu'il doit suivre : et quand il sera vieux, il ne s'en détournera pas". C'est sur ce verset qu'est fondé notre programme de coaching pour Ados : *Éveil & Envol jeunesse.*

Il est important de montrer aux enfants qu'ils peuvent également jouer un rôle actif dans leur communauté. Les parents peuvent encourager leurs enfants à s'impliquer dans des initiatives communautaires telles que le bénévolat, la collecte de fonds pour des causes sociales ou la participation à des événements locaux. Le bénévolat au sein de la communauté a ouvert tellement de portes à nos enfants et nous vous le recommandons également. À travers le bénévolat les enfants apprennent à mettre en œuvre la loi de la semence. Ils sèment dans la communauté et récoltent assurément. On pourrait parler également de la loi du donner et du recevoir, tout comme on peut également parler du principe divin de possession des territoires.

En offrant des opportunités d'engagement civique dès le plus jeune âge, les parents-entraîneurs permettent donc à leurs enfants de développer un sentiment de responsabilité envers leur communauté et de comprendre l'importance de contribuer positivement à la société.

Moyen 3 : Le parent-entraîneur favorise la compréhension et le respect de la diversité

La diversité est une richesse de toute société. Les parents peuvent enseigner à leurs enfants à comprendre et à respecter les différentes cultures, religions et origines ethniques présentes dans leur communauté et au-delà.
En favorisant la compréhension et le respect de la diversité, les parents aident leurs enfants à devenir des citoyens ouverts d'esprit et inclusifs, capables de vivre en harmonie avec les autres dans un monde de plus en plus diversifié.

Moyen 4 : Le parent-entraîneur encourage la participation de ses enfants à la vie démocratique.

Les enfants doivent être encouragés à participer activement à la vie démocratique de leur pays, même à un jeune âge. Cela peut inclure des discussions sur les questions politiques et sociales, la participation à des simulations de vote ou des événements politiques locaux, et le développement d'une conscience politique informée.

En encourageant la participation à la vie démocratique, les parents préparent leurs enfants à devenir des citoyens engagés et responsables, capables de contribuer à la prise de décision collective dans leur société.

Moyen 5 : Le parent-entraîneur modélise un comportement éthique et responsable.

Les enfants apprennent avant tout par l'exemple. Les parents doivent donc être des modèles de comportement éthique et responsable dans leur vie quotidienne. Cela inclut l'honnêteté, l'intégrité, la responsabilité personnelle et le respect des lois et des règlements. Par exemple, un parent qui est toujours en dépassement de vitesse avec ses enfants à bord ne serait pas un bon enseignant de la limite de vitesse permise à son enfant.

En modelant un comportement éthique et responsable, les parents montrent à leurs enfants l'importance de vivre selon des principes moraux solides et les encouragent à faire de même dans leur propre vie.

Moyen 6 : Le parent-entraîneur fournit à son enfant des opportunités d'apprentissage sur les enjeux sociaux.

Les parents peuvent aider leurs enfants à développer une conscience sociale en leur fournissant des opportunités d'apprentissage sur les enjeux sociaux et les défis auxquels font face les communautés locales et mondiales. En envoyant par exemple un enfant faire du bénévolat auprès des personnes âgées, l'enfant prend rapidement conscience des cycles de vie et des enjeux de santé et d'isolement qui tournent autour de la gérontologie. En montrant par exemple à mes enfants mon implication à l'intégration des personnes réfugiées au Canada, cela m'a permis d'inclure des discussions sur la pauvreté, la justice sociale, les droits de l'homme et l'environnement à la maison.

En sensibilisant les enfants aux problèmes sociaux et en les encourageant à réfléchir à des solutions constructives, les parents-entraîneurs les préparent à devenir des agents de changement positif dans la société.

Pour terminer ce chapitre, j'aimerais tout simplement mentionner qu'entraîner son enfant à devenir un citoyen modèle est un engagement profondément significatif et un grand service rendu à la Nation. En enseignant les valeurs fondamentales de la citoyenneté, en promouvant l'engagement civique, en favorisant la compréhension et le respect de la diversité, en encourageant la participation à la vie démocratique, en modélisant un comportement éthique et responsable et en fournissant des opportunités d'apprentissage sur les enjeux sociaux, les parents-entraîneurs préparent leurs enfants à devenir des citoyens engagés et responsables, capables de contribuer positivement à la communauté et à la société dans son ensemble. En suivant les stratégies et les pratiques décrites dans ce chapitre, les parents peuvent jouer un rôle essentiel dans la formation des futurs leaders et défenseurs de la justice sociale et de l'égalité dans le monde.

CHAPITRE 3
ENTRAÎNER SON ENFANT À DÉCOUVRIR ET À DÉVELOPPER SES TALENTS

Chaque enfant est doté de talents uniques et de capacités innées qui méritent d'être découverts et développés. En tant que parents, nous avons le privilège et la responsabilité d'encourager nos enfants et surtout les entraîner à explorer leurs passions et à développer leurs talents. Dans ce chapitre, nous explorerons en profondeur les stratégies que les parents peuvent utiliser pour entraîner leurs enfants à atteindre cet objectif. De l'observation attentive à la création d'un environnement favorable à l'expérimentation et à la pratique, nous fournirons un guide pour aider les enfants à s'épanouir et à identifier leurs dons et talents.

Stratégie 1 : Le parent-entraîneur doit cultiver un environnement favorable à l'exploration

La première étape pour entraîner son enfant à découvrir ses talents consiste à créer un environnement propice à l'exploration et à l'expression de soi. Les parents peuvent encourager leurs enfants à essayer de nouvelles activités, à explorer différents domaines d'intérêt et à suivre leur curiosité naturelle. Mais parfois, il n'est pas rare de voir des familles où les enfants ne sont inscrits à aucune activité parascolaire. Ce qui est un grand obstacle à la découverte de leurs talents.

Par ailleurs, il n'est pas rare de voir des parents qui enferment sciemment ou par ignorance leurs enfants dans leur domicile, empêchant ainsi toute possibilité d'exploration et d'expression des talents enfouis en eux. Lorsque nous décidons d'immigrer, nous disons généralement que nous le faisons pour les enfants. Et une fois arrivés sur le territoire, nous commençons à courir derrière le dollar au point d'oublier la première raison de notre immigration. Ce qui est vraiment dommage, car il y a des moments dans la vie de nos enfants que lorsque nous les perdons, nous ne pouvons plus jamais les récupérer. D'où l'importance de nous remémorer constamment la raison pour laquelle nous avons immigré dans ce pays.

Je crois fermement que si nous sommes-là, c'est vraiment pour donner une opportunité à nos enfants de grandir en sagesse et en stature, mais aussi d'exprimer leur potentiel au travers de leurs talents.

En offrant un espace sûr et encourageant aux enfants pour expérimenter les dons et les talents enfouis en eux, les parents aident leurs enfants à développer leur confiance en eux et à découvrir ce qui les passionne vraiment.

Stratégie 2 : Le parent-entraîneur observe et écoute attentivement son enfant

Les parents doivent être des observateurs attentifs des intérêts et des inclinations naturelles de leurs enfants. En observant leurs réactions et leurs comportements lorsqu'ils sont engagés dans différentes activités, les parents peuvent repérer les signes révélateurs de leurs talents émergents. Ma fille de 15 ans se forme actuellement à être éditrice tout simplement parce que son implication à diverses activités nous a permis de voir son intérêt pour l'art, le graphisme et l'écriture. Elle est également une passionnée de la lecture et participe avec plaisir à la rédaction et l'illustration du journal étudiant de son école secondaire. Ces aptitudes nous ont fait comprendre qu'elle pourrait nous rejoindre dans la compagnie d'édition les Éditions Mathias dont je suis copropriétaire.

En somme, en écoutant attentivement leurs enfants et en prenant en compte leurs passions et leurs préférences, les parents les aident à se sentir valorisés et soutenus dans leur exploration personnelle.

Stratégie 3 : Le parent-entraîneur encourage la pratique et la persévérance chez leurs enfants.

Le développement du talent nécessite de la pratique et de la persévérance. Les parents doivent encourager leurs enfants à s'engager activement dans la pratique régulière et à faire preuve de persévérance face aux défis et aux obstacles.

En entraînant leurs enfants à la discipline du travail acharné et à la détermination, les parents les aident à surmonter les difficultés et à réaliser des progrès significatifs dans le développement de leurs talents.

Stratégie 4 : Le parent-entraîneur fournit à ses enfants des opportunités d'apprentissage et de croissance.

Les parents peuvent aider leurs enfants à développer leurs talents en leur fournissant des opportunités d'apprentissage et de croissance dans leurs domaines d'intérêt. C'est le cas pour notre fille Sandra qui exprime son talent dans le domaine de l'édition où elle a des intérêts. Cela peut inclure des cours, des ateliers, des mentors ou des ressources éducatives adaptées à leurs besoins et à leurs objectifs.

Lorsque notre fils Cédrick avait 12 ans, nous avons observé ses talents et l'avions inscrit chez Move To Top qui a été son mentor pour 4 ans environ. Les résultats de ce mentorat se font voir dans son modèle de leadership aujourd'hui.

En investissant dans leur développement personnel, les parents montrent à leurs enfants l'importance de l'éducation continue et de l'amélioration de soi dans la poursuite de leurs passions et de leurs rêves. Nous croyons profondément à cela. Et c'est pour cette raison que le programme Éveil & Envol jeunesse a été créé en 2022 pour accompagner les jeunes au niveau de leur développement personnel et spirituel. Plusieurs familles en ont déjà bénéficié et ont vu les jeunes se transformer.

Stratégie 5 : le parent-entraîneur favorise la créativité et l'innovation chez son enfant.

La créativité et l'innovation sont des éléments essentiels du développement du talent. Les plus grandes entreprises le sont grâce à la créativité et l'innovation. C'est pour cela qu'il faut encourager la motricité fine chez les enfants par exemple. Je suis admirative pour le plus jeune auteur de notre maison d'édition qui a 11 ans. Ses parents sont d'excellents parents-entraîneurs qui lui ont donné l'opportunité d'explorer ses talents dès l'âge de 5 ans au soccer et lui ont offert également l'opportunité de développer un excellent talent d'écrivain avec l'accompagnement des Éditions Mathias.

Nos enfants ont tous une zone de génie à découvrir et nous devons favoriser cela. Les parents peuvent encourager leurs enfants à penser de manière créative, à explorer de nouvelles idées et à expérimenter de nouvelles approches dans leurs domaines d'intérêt.

En offrant un espace pour la créativité et l'innovation, les parents stimulent l'imagination de leurs enfants et les aident à développer leur pensée critique et leur capacité à résoudre des problèmes.

Stratégie 6 : le parent-entraîneur célèbre les succès et soutiens dans les échecs.

Avez-vous déjà vu des parents qui ne félicitent jamais leur enfant quand bien même ceux-ci font des efforts? Une mère m'a consulté et m'a parlé de sa fille de 13 ans qui est complètement démolie face à la non-reconnaissance de ses efforts. Elle rapporte que lorsque sa fille a 90 %, son père râle et lui demande pourquoi elle n'a pas 100%. Finalement, l'enfant n'est jamais célébré pour ses succès et encore moins soutenu dans les périodes d'échecs. Elle rapporte que sa fille est devenue frustrée et colérique, ce qui rend difficile la dynamique familiale.

Cette situation est vraiment malheureuse, car elle crée un trauma chez cet enfant et fait d'elle une personne qui souffrira de la pression de performance dans sa vie d'adulte si rien n'est fait. Cette façon de faire développe un adulte brisé à réparer plus tard, ce qui est vraiment dommage.

Les parents doivent au contraire, célébrer les succès de leurs enfants et les encourager à poursuivre leurs efforts, même en cas d'échec. En reconnaissant leurs réalisations et en les soutenant dans les moments difficiles. Les parents-entraîneurs renforcent la confiance en soi de leurs enfants et les encouragent à continuer à suivre leurs passions.

En célébrant les succès et en soutenant dans les échecs, les parents enseignent à leurs enfants l'importance de la résilience et de la persévérance dans la poursuite de leurs objectifs.

En fin de compte, entraîner son enfant à découvrir et à développer ses talents est un processus qui vaut la peine même si cela demande du temps, de la patience et de l'engagement. Nous avons vu toutes ces stratégies nécessaires à adopter pour y arriver. En fournissant un environnement favorable à l'exploration, en observant attentivement, en encourageant la pratique et la persévérance, en offrant des opportunités d'apprentissage et de croissance, en favorisant la créativité et l'innovation, et en célébrant les succès tout en soutenant dans les échecs, les parents jouent un rôle essentiel dans le développement des talents de leurs enfants. En suivant les stratégies et les pratiques décrites dans ce chapitre, les parents peuvent aider leurs enfants à découvrir leur passion, à développer leurs talents et à réaliser leur plein potentiel dans la vie.

CHAPITRE 4
ENTRAÎNER SON ENFANT À DEVENIR LE PROCHAIN PARENT-ENTRAÎNEUR.

L'éducation des enfants est une responsabilité immense et surtout gratifiante qui demande ouverture, patience, dévouement et amour inconditionnel. C'est complètement un métier de transmission générationnel qui voudrait que chaque parent transmette à son enfant la capacité de devenir le prochain parent. En tant que parents, nous aspirons souvent à préparer nos enfants à réussir dans la vie, mais nous pouvons également avoir un rôle à jouer pour faire d'eux un parent-entraîneur pour nos petits-enfants.

Dans ce chapitre, nous verrons comment préparer activement nos enfants à devenir des parents-entraîneurs, des guides aimants et compétents pour la prochaine génération. Nous examinerons les compétences et les valeurs que nous pouvons transmettre à nos enfants pour les aider à devenir des parents inspirants et bienveillants.

Compétence 1 : Le parent-entraîneur cultive chez son enfant des compétences en communication

Avant d'en parler de façon plus poussée, j'aimerais mentionner qu'il ne s'agit pas d'inscrire nos enfants dans un cours de communication bien que cela puisse aider. Il s'agit plus précisément de communiquer adéquatement comme parent, afin de laisser notre enfant apprendre en nous observant. Vous avez certainement déjà rencontré un parent qui demande à son enfant de parler moins fort en parlant lui-même très fort et constamment. Cette façon de faire n'est pas efficace.

La communication efficace est au cœur de toute relation parent-enfant. En tant que parents, nous pouvons aider nos enfants à développer leurs compétences en communication en encourageant l'expression ouverte des sentiments et des besoins, ainsi qu'en enseignant l'écoute active et la résolution de conflits pacifique. Ceci passe par nos propres aptitudes à faire ces choses adéquatement.

Ces compétences sont essentielles pour établir des liens solides avec les enfants et pour créer un environnement familial où chacun se sent entendu et respecté. Et lorsque notre enfant aura été entraîné de cette façon, cela augmentera de façon significative, sa probabilité de devenir lui-même un parent-entraîneur sans devoir faire face aux démons des blessures émotionnelles.

Compétence 2 : Le parent-entraîneur promeut l'intelligence émotionnelle chez son enfant

Nous avons tous déjà vu un parent qui frappe et interdit à l'enfant de pleurer. Un parent qui crie et qui exige à l'enfant de rester zen. Il est inapproprié d'empêcher à un être humain d'exprimer ses émotions. La bonne manière consiste plutôt à lui montrer comment les exprimer de façon saine.

Il est important de montrer à nos enfants comment reconnaître leurs émotions et mettre des mots sur ce qu'ils vivent. Cela lui permet de mieux se gérer et à mieux réagir quand il vit une situation particulière.

Un enfant qui sait gérer ses émotions réagit mieux aux différentes situations de la vie. Une bonne gestion des émotions est également associée au maintien d'une bonne relation avec les autres et à une bonne habileté à gérer des conflits. Pourtant, un enfant qui éprouve de la difficulté à gérer ses émotions aura plus de difficultés à faire face aux défis quotidiens. L'accumulation de frustration, de colère, de peine et de peur peut entraîner des comportements violents de même que des symptômes anxio-dépressifs chez l'enfant et nuire à ses relations avec les autres.

En apprenant à reconnaître et à gérer leurs propres émotions, nos enfants seront mieux préparés à comprendre et à soutenir les émotions de leurs propres enfants à l'avenir.

Compétence 3 : le parent-entraîneur favorise l'autonomie et la responsabilité chez son enfant.

En tant que parents-entraîneurs, il est important d'encourager l'autonomie et le sens de la responsabilité chez nos enfants dès leur plus jeune âge. Cela peut inclure des tâches ménagères adaptées à leur âge, la prise de décisions autonomes et la gestion de leur temps et de leurs responsabilités.

En donnant à nos enfants des outils nécessaires pour prendre en charge leur propre vie, nous les aidons à développer un sens de l'indépendance et de la responsabilité qui seront précieuses lorsqu'ils deviendront eux-mêmes parents. La sagesse divine nous en parle dans le proverbe 22 :6

Proverbes 22 : 6 Instruis l'enfant selon la voie qu'il doit suivre; et quand il sera vieux, il ne s'en détournera pas. Encore une fois, nous sommes le miroir au travers duquel notre enfant se découvre.

Compétence 4 : le parent-entraîneur entraîne son enfant à la compassion et à l'empathie.

La compassion et l'empathie sont des qualités essentielles pour être un parent bienveillant et attentif. En tant que parents, nous pouvons modeler ces qualités en pratiquant la gentillesse envers les autres et en enseignant à nos enfants à reconnaître et à répondre aux besoins des autres. Pour y arriver, nous ne sommes pas appelés à les inscrire à un cours d'habiletés sociales, nous sommes juste appelés à faire d'eux des témoins de notre propre compassion et empathie à leur égard et à l'égard des autres.

En cultivant un sens de la compassion, nos enfants seront en mesure d'offrir un soutien et un réconfort sincères à leurs propres enfants lorsqu'ils en auront besoin.

Compétence 5 : Le parent-entraîneur transmet à son enfant des valeurs familiales.

L'enfant fait généralement ce qu'il a vu faire. Il valorise généralement ce qu'il a vu valoriser. Pour ce qui est des valeurs, nous sommes conscients de toutes ces possibilités d'influence dans notre société actuelle ainsi que des voix dissonantes qu'écoutent nos enfants de nos jours. Les voix du milieu scolaire, les voix de son réseau d'amis, les voix des réseaux sociaux, les voix des médias ordinaires, etc.

Toutefois, il est important de savoir que la dimension identitaire qui est la fondation se bâtit à la maison. Du coup, si les fondations sont biaisées, l'enfant sera vulnérable et deviendra une éponge qui absorbe toutes sortes de voix et valeurs dans son environnement. Et ceci est la responsabilité du parent-entraîneur. N'oublions pas qu'une meilleure connaissance de son identité, ou bien avoir une fondation bien bâtie donne à tout individu la capacité de reconnaître ce qui est bon pour lui, et surtout la force de refuser ce qui ne correspond pas à ses valeurs. Nous croyons que chaque parent doit faire de son mieux pour transmettre les bonnes valeurs à son enfant.

Et ceci n'est pas un secret, les valeurs familiales fortes servent de fondement à une parentalité positive et significative. En tant que parents, nous pouvons transmettre ces valeurs à nos enfants en leur enseignant l'importance de l'honnêteté, du respect, de l'intégrité et de la solidarité, etc.

En intégrant ces valeurs dans notre vie quotidienne et en le célébrant en famille, nous renforçons le lien familial et préparons nos enfants à être des modèles de valeurs pour leurs propres enfants à l'avenir.

Compétence 6 : Le parent-entraîneur encourage la croissance personnelle continue de son enfant

En tant que parents-entraîneurs, nous devons encourager nos enfants à poursuivre la croissance personnelle continue et l'apprentissage tout au long de leur vie. Cela peut inclure la recherche de nouvelles expériences, le développement de compétences professionnelles et personnelles, et l'exploration de passions et d'intérêts uniques. Cette compétence est fondée sur la discipline de l'apprentissage continue que j'explique dans mon livre *La pratique de l'autodiscipline au cœur de ton succès : laisse-toi entraîner et deviens inarrêtable.* Un livre à lire absolument, un instrument indispensable pour quiconque aspire au succès, peu importe dans quelle sphère de sa vie.

En cultivant un esprit ouvert et curieux, nos enfants seront mieux équipés pour faire face aux défis de la parentalité et pour élever leurs propres enfants avec sagesse et compassion. Ils accepteront en effet qu'on ne nait pas parent et garderont l'esprit ouvert pour apprendre et s'adapter aux réalités de la parentalité face à l'évolution de la société.

En définitive, préparer nos enfants à devenir des parents-entraîneurs est un engagement auquel nous n'avons pas intérêt à nous soustraire. En cultivant des compétences en communication, en promouvant l'intelligence émotionnelle, en favorisant l'autonomie et la responsabilité, en enseignant la compassion et l'empathie, en transmettant des valeurs familiales fortes, et en encourageant la croissance personnelle continue, nous aidons nos enfants à devenir des parents inspirants et bienveillants pour la prochaine génération. En investissant dans leur développement, nous contribuons à bâtir un environnement aimant, soutenant et propice à l'épanouissement personnel, familial et professionnel de chaque enfant.

CHAPITRE 5
ENTRAÎNER SON ENFANT À BIEN GÉRER SES FINANCES

Un jour, je suis allée à Buropro-citation et j'ai acheté un livre sur la gestion des finances personnelles pour offrir à mon fils Cédrick. Ceci parce que je crois que l'éducation financière est une compétence essentielle qui peut avoir un impact profond sur la qualité de vie d'une personne. Mais très vite, j'ai compris que la première chose à faire n'était pas de lui offrir un livre, mais de lui montrer par mes propres habitudes de gestion financière ce qu'il était bon de faire. Ceci n'est pas pour dire que les livres ne sont pas importants, mais plutôt pour dire que le livre ne fait que compléter l'éducation qui vient du parent.

En tant que parents, il est de notre responsabilité de préparer nos enfants à gérer efficacement leur argent et à prendre des décisions financières judicieuses. Dans ce chapitre, nous explorerons en détail les stratégies et les pratiques que les parents peuvent utiliser pour entraîner leurs enfants à bien gérer leurs finances. De l'établissement d'une base solide à l'enseignement de la planification financière à long terme, nous fournirons un guide pour aider les enfants à développer des habitudes financières saines qui les accompagneront tout au long de leur vie.

Stratégie et pratique 1 : Amener notre enfant à comprendre l'importance de l'éducation financière.

Avant d'entamer le processus d'entraînement financier de nos enfants, il est essentiel de comprendre l'importance de l'éducation financière dans leur vie future. Une bonne gestion financière leur permettra de prendre des décisions éclairées, de réduire le stress lié à l'argent et de travailler vers leurs objectifs financiers. Il est important de les instruire à ce sujet pour les faire comprendre que les mauvaises décisions financières peuvent avoir des conséquences désastreuses pour une vie. Personnellement, j'ai eu à prendre de mauvaises décisions financières dans ma vie et je m'en sers pour montrer à mes enfants le danger lié à de mauvaises pratiques financières. Ne soyons pas des parents qui tentent toujours de montrer à nos enfants que nous avons été toujours corrects. Un parent-entraîneur sait bâtir ses enfants à partir de ses propres vulnérabilités dont il n'a pas honte d'en parler. Du coup, il envoie le message à ses enfants qu'il peut arriver de faire des erreurs sans nécessairement devenir une mauvaise personne. Il leur permet ce faisant de se bâtir à partir de leurs propres erreurs.

Stratégie et pratique 2 : Impliquer les enfants dès leur plus jeune âge.

L'éducation financière devrait commencer dès le plus jeune âge. Les parents peuvent enseigner aux tout-petits des concepts de base tels que la différence entre l'argent et les biens, ainsi que l'importance de la patience et de l'épargne.

En impliquant activement les enfants dans les discussions financières familiales et en les faisant participer à des décisions d'achat simples, les parents posent les bases d'une compréhension financière solide. Plus important encore, il faut mettre sur pied pour nos enfants une discipline d'épargne efficace pour les amener à investir très tôt.

Je vais me permettre de m'étaler un peu plus sur ce sujet assez important.

L'une des choses les plus intelligentes que chaque parent-entraîneur puisse faire pour lui-même est de prendre l'habitude d'épargner une partie de son salaire à chaque paie et de montrer cette habitude à ses enfants. Les individus, les familles et même les entreprises sont stables et prospères dans la mesure où ils épargnent de l'argent. Selon l'enseignement issu du livre « *La chèvre de ma mère* » de Ricardo Kaniama, c'est l'épargne d'aujourd'hui qui garantit la sécurité et les possibilités de demain. Dans le livre « L'homme *le plus riche de Babylone* » de George Clayson, épargner c'est se payer d'abord. Alors nous devons apprendre à nos enfants cette sagesse.

La technique que je recommande pour les adultes est la méthode 70/30. Selon cette méthode, 10% sont réservés à votre épargne, 10% à votre dîme, 5% à votre investissement, 5% pour vos offrandes et récompenses personnelles et enfin 70% pour vos charges courantes. Je vous suggère dès aujourd'hui d'épargner 10% de vos gains et de n'y toucher que pour réaliser un projet d'investissement. Ceci est le secret de base de l'accumulation financière à long terme que nous devons enseigner à nos enfants. Ces sommes épargnées devront être utilisées exclusivement pour assurer votre avenir financier. Ce qui est remarquable c'est que vous vous payez d'abord et que vous fournissez votre banque céleste à travers la dîme et les offrandes avant toute dépense.

Ainsi, vous vous obligez à vivre avec les 70% restants. Sans y penser, vous vous habituez bientôt à vivre avec 70% de votre revenu sans perdre en commodité ou autre chose. Ne perdez pas de vue que nous sommes une créature d'habitude. Lorsque vous mettez régulièrement de côté 10% et que 10 à 20% sont accumulés dans votre banque céleste, vous vous habituez rapidement à vivre avec les 70% restants et vos enfants vous voient faire. Cette stratégie a permis à mon époux et moi d'accumuler du capital pour le développement de notre entreprise *Mom&Kids Space* en plein cœur d'Akwa, à Douala, au Cameroun. Cette stratégie a changé radicalement la situation financière de nos entreprises. Ceci est un point intéressant que nous enseignons à nos enfants.

J'ai observé que, parfois, les jeunes associent l'argent au plaisir. Ils reçoivent leur premier montant d'argent et le dépensent en bonbons et friandises si rien n'est fait. Ne laissez pas vos enfants tomber dans ce piège. Les enfants pensent que lorsqu'ils ont de l'argent, ils doivent le dépenser pour des choses qui leur font du bien immédiatement. Cette attitude ne les prépare pas à devenir des adultes prospères. Lorsqu'un tel individu devient adulte et qu'il pense à gagner plus d'argent, sa première pensée est de le dépenser pour quelque chose qui le rend heureux à l'instant T. Voilà pourquoi nous devons les entraîner aux bonnes pratiques et stratégies de liberté financière. Car la Bible dit que l'homme sage laisse un héritage pour ses enfants et les enfants de ses enfants.

Ce que je fais pour mes enfants et que je conseille aux autres parents, c'est d'enseigner à leur progéniture la discipline de l'épargne. Dans ma maison, le jeune qui est encore sous ma responsabilité et qui fait des revenus pratique une règle d'épargne à l'inverse de celle des adultes. C'est la règle des 30/70. C'est ainsi que jusqu'ici, chacun de mes enfants s'autofinance et devient propriétaire immobilier bien avant 25 ans tout en poursuivant des études universitaires. Je vous explique cette règle que j'enseigne à mes adolescents et à ceux qui sont étudiants dans l'Académie *Ta Seconde Chance* sous le programme Éveil & Envol Jeunesse.

Étant donné qu'en Amérique du Nord les jeunes ont la possibilité de faire des revenus assez tôt, conciliant travail-étude dès 14 ou 15 ans, j'ai particulièrement amené les miens à en faire un levier d'indépendance financière. Puisque je pourvois aux besoins de base de mon enfant, j'estime que contrairement à l'adulte que je suis, ce dernier peut pratiquer une discipline d'épargne inverse, c'est-à-dire la règle 30/70. Ceci signifie concrètement 70% de son revenu en épargne pour des investissements futurs, 10% pour sa dîme et 20% pour se faire plaisir.

Ce compte d'épargne est son compte d'investissement établi dès le bas âge. À partir de ce compte, le jeune paye son permis de conduire à 15 ans et 8 mois puisque c'est l'âge requis au Québec pour avoir des cours de conduite. Puis, le jeune y puise pour l'achat de sa première voiture à 16 ans et 8mois à la fin de son cours de conduite. La voiture étant un outil indispensable en Amérique du Nord, qui renforce l'autonomie des jeunes et libère les parents du rôle de chauffeur-accompagnateur. C'est aussi un levier de confiance en soi pour le jeune. Et lorsqu'il acquiert, sa voiture, sa discipline d'épargne passe à 60/40, car la voiture vient avec des charges d'immatriculation, de consommation énergique et d'entretien. Cette tarte financière pour les jeunes est le fruit de ma créativité faite initialement pour mes enfants.

C'est fort de cette discipline d'épargne que mon jeune de 24 ans est investisseur immobilier, et propriétaire des appartements locatifs meublés au Québec. Celui de 23 ans est en voie d'acquisition de son premier bien immobilier, la préparation étant faite depuis quelques années. C'est une erreur lorsque les parents éduquent leurs enfants à associer le plaisir aux dépenses futiles et non à l'épargne-investissement.

La culture qui consiste à sortir et à acheter des choses compulsivement a pour conséquence de nous maintenir fauchés toute ta vie. Il est important de reconnecter à la discipline de l'épargne. Laissons-nous inspirer par le best-seller, *« la chèvre de ma mère »* et enseignons cette discipline de l'épargne à nos enfants. Lorsque j'étais plus jeune, ma première richesse était l'élevage des poules. Vivant avec grand-maman Alicia, j'avais appris à passer d'une poule et d'un coq à une bassecour remplie de volailles. J'en étais impressionnée et fière.

Si vous lisez mon histoire dans mon livre *Vaincre malgré l'adversité, avancer malgré la douleur*, vous comprendrez mieux cette tranche de vie. Pour avoir plus de poules, je m'abstenais de manger tous les œufs. Il est déplorable de manger sa graine et de s'attendre à une belle récolte. Nos enfants doivent le comprendre.

Alors, au lieu de dire j'aime dépenser de l'argent, nous devons apprendre à nos enfants à dire « j'aime économiser ».

Si vous prenez l'habitude de trouver votre joie dans l'épargne et l'investissement, vous commencerez à faire plus attention à vos dépenses et vous transmettrez ainsi un bon modèle à vos jeunes. Vous diriez « j'aime dépenser à j'aime économiser et investir ». Et vos enfants seront en mesure de proclamer ceci : *« Je protège jalousement ma graine, je ne la mange pas, car pour moissonner, je dois semer dans la bonne terre. »*

Perdre de l'argent c'est comme verser de l'eau dans une passoire. Montrons à nos enfants comment ne pas être une passoire pour leur argent. Il est facile de perdre de l'argent, mais difficile d'en gagner et surtout de le garder. Seule la discipline de l'épargne peut nous aider à faire la différence. Un secret que je vous donne pour dépenser moins si vous êtes en Amérique, c'est de payer le plus souvent en espèce vos biens de consommation.

Si vos enfants ne sont pas bien formés à l'utilisation des cartes de crédit, débarrassez-les d'elles et gardez-les vous-mêmes dans le seul but de bâtir leur historique de crédit pour leurs premiers investissements hypothécaires. Le fait de s'habituer à payer en espèces vous sensibilise vraiment à ce que coûte l'objet de votre convoitise et vous pousse à dépenser moins d'argent.

Dans ma famille, le moment le plus stressant pour nos jeunes est l'instant où mon époux et moi-même passons en revue leurs relevés bancaires pour analyser leurs habitudes de dépenses. L'un de nos fils avait l'habitude de payer plusieurs fois par semaine, et par carte, de petites gâteries de 1 $ à 2 $. C'était tellement récurrent et il ne se rendait pas compte de combien cela constituait une mauvaise habitude de gestion financière.

Premièrement, il payait plus de frais à sa banque pour avoir dépassé la limite des transactions permises sur un compte étudiant, et il dépensait concrètement plus qu'il ne pouvait s'imaginer. Lorsque ce constat fut fait, le jeune nous informa qu'en réalité, il était dans son 30% et que ce ne serait pas juste que nous y posions un regard. Lorsque nous lui avons montré l'effet cumulé de cette habitude sur le long terme pour ce qui est des frais bancaires, il a compris son erreur et a changé d'habitude. Souvenez-vous de la tarte financière pour jeune, le 30/70. C'est pour cela qu'il parle de son 30%.

Appliquer la discipline de l'épargne procure de la liberté et du choix. Lorsqu'on a de l'argent disponible dans son compte bancaire, on se sent plus libre de quitter un emploi qu'on n'aime pas pour investir dans quelque chose d'autre en toute sérénité. Lorsqu'on a de l'argent en banque, on est prête à tout moment à saisir de belles opportunités qui se présentent à soi. Lorsque les belles opportunités se présentent, on est prête à en profiter, car on n'a pas à dire : *« Je suis désolée, je n'ai pas d'argent, je ne peux pas me le permettre, je suis fauchée, je ne suis pas chanceuse, etc. »*. Lorsqu'on réagit ainsi, les gens se contentent d'avoir pitié de nous et de s'en aller avec ceux et celles qui savent se préparer. Ne dit-on pas que le succès arrive quand l'opportunité rencontre la préparation ?

En tant qu'adulte, vous devez toujours avoir de l'argent de côté et vous devez également entraîner vos adolescents à le faire. Avoir peu d'argent et ne pas en avoir du tout sont 2 bornes opposées. L'une apporte de l'assurance alors que l'autre apporte de l'anxiété. Une personne qui a un peu d'argent se sent assurée d'une certaine manière, contrairement à une personne sans argent qui se sent toujours inférieure, anxieuse, préoccupée, irritable, colérique et parfois jalouse.

Stratégie et pratique 3 : Leur enseigner la valeur de l'argent et du travail

Il est crucial d'enseigner à nos enfants que l'argent n'est pas quelque chose de magique et qu'il est le fruit du travail et de l'effort. Les parents peuvent encourager leurs enfants à gagner de l'argent de poche en accomplissant des tâches ménagères ou en réalisant des petits travaux. Ils doivent leur inculquer ce que j'ai appelé la discipline du travail acharné. Voir le chapitre 7 de mon livre *La pratique de l'autodiscipline au cœur de ton succès*, intitulé la discipline du travail acharné et intelligent.

En apprenant à gagner et à économiser leur propre argent, les enfants acquièrent une appréciation pour la valeur de l'argent et développent des compétences précieuses en matière de gestion financière.

Stratégie et pratique 4 : Promouvoir la budgétisation.

La budgétisation est une compétence fondamentale pour une gestion financière réussie. Les parents peuvent aider leurs enfants à établir un budget en leur enseignant à définir des objectifs financiers, à suivre leurs dépenses et à planifier leurs revenus. Ce fut le cas pour nos 3 premiers garçons pendant leur adolescence. Une fois adulte, ils ont déjà acquis une certaine autonomie en la matière.

Encourager les enfants à épargner pour des achats importants et à mettre de l'argent de côté pour l'avenir les aide à développer une discipline financière et à comprendre l'importance de la planification à long terme. De nos jours, nos deux premiers garçons sont dans un processus d'épargne pour la célébration de leur mariage et c'est juste merveilleux. Nous allons les soutenir, mais nous n'allons pas endosser ces responsabilités à leur place parce que nous avons pris le temps de les entraîner.

Stratégies et pratique 5 : Introduire les concepts d'investissement et de gestion de risque.

Dans un précédent livre, je parle de la discipline, de l'épargne et de la prise des risques. C'est notamment le chapitre 5 du livre suivant : *la pratique de l'autodiscipline au cœur du succès. Laisse-toi entraîner et deviens inarrêtable.* En grandissant, les enfants peuvent commencer à apprendre les concepts d'investissement et de gestion des risques. Les parents peuvent expliquer les différents types d'investissements, tels que les actions, les obligations et les fonds communs de placement, ainsi que les principes de diversification et de tolérance au risque.

En comprenant les bases de l'investissement, les enfants peuvent prendre des décisions plus éclairées sur la manière de faire fructifier leur argent à long terme. Chez nous par exemple, nous avons appris aux enfants à investir dans leur propre REEE (Régime épargne étude) de 15 ans à 17 ans pour chercher les 30% que le gouvernement leur donne en très peu de temps. Nous comprenons que c'est une responsabilité parentale à la base d'épargner pour les études des enfants. Toutefois, ayant 6 enfants, nous n'avions pas la capacité de mettre de côté le plafond de 50000$ requis pour chaque enfant. Du coup, nous le faisons avec nos fils pour leurs propres intérêts. Leurs apports dans ces types de compte viennent bonifier ce que nous faisons déjà, pour nous assurer de ne laisser aucun $ de subventions gouvernementales sur la table. Aussi, les plus vieux prennent des parts dans les comptes des plus jeunes comme stratégie d'investissement et d'épargne tant que le plafond des REEE n'est pas atteint. Je précise que c'est une stratégie qui fonctionne à merveille. Je le sais parce j'ai été Représentante en Plans de Bourses Études pendant 10 ans au Canada et je gérais un portefeuille de plusieurs centaines d'épargnants. Pendant 10 ans, j'ai été Membre de la Chambre de la sécurité financière et soumise sous la réglementation de l'Autorité des marchés financiers (AMF). C'est le métier au travers duquel plusieurs familles me connaissent au Québec.

Stratégie et pratique 6 : Modéliser un comportement financier responsable

Il est plus facile d'enseigner à nos enfants ce que nous faisons nous-mêmes. Les enfants apprennent avant tout par l'exemple. Les parents doivent donc être des modèles de comportement financier responsable en

évitant les dépenses impulsives, en établissant des objectifs financiers et en vivant selon leurs moyens.
En modélisant un comportement financier sain, les parents montrent à leurs enfants l'importance de la responsabilité financière et leur donnent un exemple concret à suivre.

Stratégie et pratique 7 : favoriser une attitude positive envers l'argent :

Enfin, il est essentiel de favoriser une attitude positive envers l'argent et la réussite financière. Les parents peuvent encourager leurs enfants à voir l'argent comme un outil pour atteindre leurs objectifs et à adopter une mentalité de croissance financière.

En développant une attitude positive envers l'argent, les enfants seront plus susceptibles de prendre des décisions financières avisées et de rechercher des opportunités d'amélioration de leur situation financière. Ils doivent comprendre que l'argent est une énergie qu'on attire à soi en activant un certain nombre de principes.

Comme nous avons pu le constater à travers ce chapitre, l'éducation financière est une compétence essentielle que chaque enfant devrait acquérir pour réussir dans la vie. En entraînant nos enfants à bien gérer leurs finances dès leur plus jeune âge, nous leur offrons les outils nécessaires pour prendre des décisions éclairées, atteindre leurs objectifs financiers et vivre une vie épanouissante et financièrement stable. En suivant les stratégies et les pratiques décrites dans ce chapitre, j'ai foi que les parents pourront jouer un rôle essentiel dans la préparation de leurs enfants à une vie de succès et de bien-être financier.

CHAPITRE 6
ENTRAÎNER SON ENFANT À DEVENIR UN INVESTISSEUR

Il peut avoir un peu de redondances entre ce chapitre et le précédent où nous parlions de l'entraînement à l'épargne. Toutefois, nous avons jugé que cela peut être une plus-value pour un parent qui ne saurait pas comment s'y prendre dans ce domaine spécifique.

L'investissement est un pilier essentiel d'une santé financière durable et de la construction d'un avenir prospère. En tant que parents, nous avons la responsabilité d'éduquer nos enfants sur les principes fondamentaux de l'investissement et de les préparer à devenir des investisseurs avertis. Dans ce chapitre, nous explorerons en détail quelques étapes et stratégies que les parents peuvent utiliser pour entraîner leurs enfants à devenir des investisseurs compétents. De la compréhension des marchés financiers à la gestion du risque et à la construction d'un portefeuille diversifié, nous fournirons un guide pour aider les enfants à naviguer avec succès dans le monde de l'investissement et à atteindre leurs objectifs financiers à long terme. Nous savons que certains parents ne savent pas grand-chose dans ce domaine, mais n'oublions pas que l'une des qualités d'un parent-entraîneur est qu'il est ouvert à s'éduquer pour éduquer la jeune génération.

Stratégie 1 : Le parent-entraîneur éduque l'enfant sur les bases de l'investissement

J'imagine que certains parents me diront qu'ils ne savent rien de ces choses. C'est tout à fait normal. C'est pour cela que ce livre appelle les parents à s'éduquer pour mieux éduquer, ou alors à se rééduquer pour ne pas blesser.

La première étape pour entraîner son enfant à devenir un investisseur consiste à lui fournir une solide éducation sur les bases de l'investissement. Cela comprend la compréhension des concepts de base tels que le passif et l'actif. Le passif est un investissement qui fait sortir de l'argent de vos poches alors qu'un actif est un investissement qui fait rentrer de l'argent dans vos poches. Exemple, une voiture de promenade fait sortir de l'argent de vos poches, c'est un passif. Alors qu'un camion de déménagement fait entrer de l'argent dans vos poches.

Il est également important de leur expliquer des concepts clés tels que les actions, les obligations, les fonds communs de placement et les marchés financiers. Nous n'irons pas en détail sur ces concepts. Nous laissons à chaque parent la latitude d'aller chercher précisément ces informations chez les spécialistes en matière de finances. Ce sont des informations amplement disponibles.

Les parents peuvent utiliser des ressources pédagogiques adaptées à l'âge de leur enfant pour leur enseigner les principes fondamentaux de l'investissement et les aider à développer une base solide de connaissances financières. Dans les librairies de la place, j'ai pu trouver des livres intéressants à ce sujet pour mes enfants.

Stratégie 2 : Les enseigner sur la gestion de risque

La gestion du risque est un aspect crucial de l'investissement réussi. Les parents peuvent enseigner à leurs enfants les principes de base de la gestion du risque, y compris la diversification du portefeuille, l'évaluation du risque et la tolérance au risque. Faute de connaissances, ils peuvent s'entourer de professionnels qui sont formés dans ce domaine pour les éduquer.

En comprenant les différents types de risques associés à l'investissement, les enfants peuvent prendre des décisions éclairées sur la manière de gérer leur portefeuille de manière à minimiser les pertes potentielles tout en maximisant les rendements.

Stratégie 3 : Les encourager à la recherche et à l'analyse

L'une des compétences les plus importantes pour un investisseur est la capacité à effectuer des recherches et à analyser les opportunités d'investissement. Les parents peuvent encourager leurs enfants à développer ces compétences en leur montrant comment effectuer des recherches sur les entreprises et les industries, comment analyser les données financières et comment évaluer les tendances du marché. Si le sujet est trop complexe, le parent pourrait aider son jeune à avoir accès à ces informations dès qu'il est capable de les comprendre. Dans le contexte canadien, j'ai réalisé avec mes propres enfants qu'ils peuvent déjà comprendre ces choses à partir de 15 ans lorsqu'on prend le temps de le leur expliquer.

En encourageant la curiosité et la recherche, les parents préparent leurs enfants à prendre des décisions d'investissement informées et réfléchies, qui les aideront à réussir leurs investissements. Il est plus question de stimuler leur intérêt sur la question financière et vous verrez à quel point ces enfants sont plus aptes que nous-mêmes à faire des recherches et à analyser. C'est de cette façon que nous avons pu aiguiser l'intérêt de notre 2e fils au fonctionnement du marché boursier. Du coup, il comprenait finalement mieux que nous-mêmes.

Stratégie 4 : Modéliser constamment un comportement financier responsable.

Nous devons réitérer que les enfants apprennent avant tout par l'exemple. Les parents doivent donc être des modèles de comportement financier responsable en investissant de manière prudente et en prenant des décisions financières réfléchies.

En modélisant un comportement financier sain, les parents montrent à leurs enfants l'importance de la discipline financière et leur fournissent un exemple concret à suivre dans leurs propres pratiques d'investissement.

Stratégie 5 : Les entraîner à la patience et à la discipline

L'investissement réussi demande de la patience et de la discipline. Les parents peuvent enseigner ces valeurs à leurs enfants en leur montrant l'importance de la planification à long terme, de la persévérance et de la gestion des émotions lorsqu'ils sont confrontés à des fluctuations du marché.

En pratiquant la patience et la discipline dans leurs propres investissements, les parents aident leurs enfants à développer des compétences essentielles pour réussir dans le monde de l'investissement

Ne pas manquer de leur parler des expériences où nous-mêmes avons été indisciplinés dans nos investissements et des conséquences encourues. Comme je l'ai souvent mentionné, avant de m'éduquer sur la question, j'ai eu à prendre personnellement des décisions irréfléchies en matière d'investissement et y a laissé beaucoup d'argent. Du coup, mes propres expériences sont un bon levier d'apprentissages pour mes enfants, car je ne leur ai jamais caché mes moins bons coups.

Stratégie 6 : Les encourager à la diversification du portefeuille.

Un adage de chez nous dit qu'on ne met pas ses œufs dans le même panier. La diversification du portefeuille est un principe fondamental de l'investissement. Les parents peuvent enseigner à leurs enfants l'importance de la diversification en répartissant leurs investissements dans différents secteurs, régions géographiques et classes d'actifs.

En encourageant la diversification du portefeuille, les parents aident leurs enfants à apprendre comment réduire le risque et à apprendre comment maximiser les rendements potentiels de leurs investissements à long terme.

Stratégie 7 : Leur montrer comment célébrer les succès et apprendre des échecs

Enfin, il est important de montrer à nos enfants comment célébrer les succès d'en matière d'investissement tout comme l'importance d'apprendre des échecs. Par la suite, les parents doivent célébrer les efforts d'investissement de leurs enfants même s'il s'agit de très petits pas. Au début de l'année, nous avons l'habitude d'entraîner nos enfants à la rédaction de leurs objectifs. Puis nous étions impressionnés de voir que notre fille de 9 ans avait pour objectif d'épargner 400$ dans son compte bancaire d'ici la fin d'année. Vous en comprenez qu'à 9 ans, elle a son compte bancaire dans lequel elle met elle-même de l'argent. Il faut noter que son argent ne provient que des cadeaux, car elle n'a pas l'âge de travailler. En décembre passé, elle a reçu de l'association TODJOM CANADA une carte cadeau du magasin Walmart d'une valeur de 25$, à l'occasion de la fête de Noël. Nous avons été surpris lorsque notre fille nous a demandé de l'aider à trouver quelqu'un qui puisse lui donner de l'argent en espèces, en contrepartie de cette carte. Elle nous a dit qu'acheter un cadeau à Walmart ne lui servirait à rien, alors qu'elle souhaite avoir 400$ dans son compte bancaire en fin d'année 2024. Du coup, son père l'a aidé et l'a amené à la banque pour déposer non pas seulement les 25 $, mais 25$x4, car comme parents, nous avons décidé d'encourager ses efforts.

Alors, les parents peuvent féliciter leurs enfants pour leurs bons choix d'investissement et les encourager à tirer des leçons de leurs erreurs. En célébrant les succès et en apprenant des échecs, les parents aident leurs enfants à développer une attitude positive envers l'investissement et à continuer à progresser sur le chemin de la réussite financière.

En fin de compte, entraîner son enfant à devenir un investisseur averti est une démarche précieuse dans son avenir financier. En fournissant une éducation solide sur les bases de l'investissement, en enseignant la gestion du risque, en encourageant la recherche et l'analyse, en modélisant un comportement financier responsable, en pratiquant la patience et la discipline, en favorisant la diversification du portefeuille, en célébrant les succès et en apprenant des échecs, les parents préparent leurs enfants à réussir dans le monde de l'investissement et à atteindre leurs objectifs financiers à long terme. En suivant les stratégies et les pratiques décrites dans ce chapitre, les parents peuvent jouer un rôle essentiel dans la préparation de leurs enfants à une vie de succès financier et de sécurité financière.

CHAPITRE 7
ENTRAÎNER SON ENFANT À L'ÉDUCATION SEXUELLE SELON LE SYSTÈME DE PENSÉE DU CHRIST

S'il y a un sujet des plus complexes à aborder pour les parents auprès de leurs enfants, c'est bien en rapport avec la sexualité. Toutefois, le parent-entraîneur doit briser ce tabou et prendre lui-même la responsabilité d'éduquer son enfant selon les valeurs qui lui sont chères. Dans ce livre, nous abordons ce sujet sous l'angle des principes divins qui correspondent à nos propres valeurs comme parents chrétiens.

L'éducation sexuelle est un aspect essentiel du développement des enfants, et pour de nombreux parents chrétiens, il est important d'aborder cette question en harmonie avec les principes de leur foi. Dans les lignes qui suivent, nous allons explorer comment les parents peuvent entraîner leurs enfants à comprendre la sexualité à la lumière des enseignements du Christ. Nous examinerons les valeurs fondamentales de la pureté, du respect et de la dignité humaine, ainsi que les défis et les questions pratiques auxquels les parents peuvent être confrontés dans ce processus d'éducation sexuelle. Nous mettrons aussi l'accent sur la compréhension de la sexualité comme un don divin à ne pas saboter ainsi que les ressources et les stratégies pour guider leurs enfants dans leur développement sexuel.

Étape 1 : Le parent-entraîneur doit comprendre la vision chrétienne de la sexualité et la transmettre à son enfant.

Pour commencer, il est essentiel de comprendre la vision chrétienne de la sexualité, qui est souvent centrée sur l'idée de la sexualité comme un don sacré de Dieu. Selon cette perspective, la sexualité est conçue pour être vécue dans le cadre du mariage, en tant qu'expression d'amour et d'unité entre un homme et une femme.

Les parents peuvent enseigner à leurs enfants que la sexualité est un aspect important de leur identité créée par Dieu, et qu'elle doit être vécue avec respect et responsabilité. De plus, faire comprendre à l'enfant que son corps est le temple de l'Esprit-Saint, ce qui ne lui donne pas le droit d'en faire ce qu'il veut ou tout simplement de l'aliéner de quelque façon que ce soit. Ainsi, si nous avons enseigné à notre enfant le respect de Dieu, il comprendra qu'il ne profanera pas son Temple n'importe comment. La Bible parle aussi de l'impudicité comme étant une humiliation et il est important d'en parler aux enfants. De la même manière, il faut leur montrer les conséquences d'une sexualité irresponsable en termes de maladie sexuellement transmissible, des grossesses précoces qui peuvent ralentir leur destinée.

Étape 2 : Le parent-entraîneur doit promouvoir la chasteté chez son enfant

Dans l'éducation sexuelle basée sur les principes chrétiens, la pureté et la chasteté sont des valeurs fondamentales. Les parents peuvent encourager leurs enfants à vivre dans la pureté en évitant les comportements sexuels prémaritaux et en respectant leur propre corps et celui des autres.

En mettant l'accent sur la valeur de la pureté, les parents aident leurs enfants à comprendre que la sexualité a un contexte approprié et que l'abstinence avant le mariage est une expression de respect envers Dieu et envers soi-même.

Pour encourager les enfants à cette pureté, les parents doivent être transparents et parler à leurs enfants de leurs propres erreurs s'il y en a eu, tout en leur montrant qu'elles en ont été les conséquences et les leçons apprises. Puis leur parler des bénéfices d'une vie sexuelle préservée pour le grand jour sur le plan social et spirituel.

Étape 3 : Le parent-entraîneur favorise le respect mutuel et la dignité humaine.

Le respect mutuel et la dignité humaine sont des valeurs centrales dans l'éducation sexuelle selon les principes divins. Les parents peuvent enseigner à leurs enfants à respecter les autres dans leurs relations et à reconnaître la dignité intrinsèque de chaque personne.

En cultivant un respect mutuel et une compréhension de la dignité humaine, les parents aident leurs enfants à établir des relations saines et équilibrées, fondées sur l'amour et le respect mutuel. Ce faisant, c'est le moment de leur parler aussi des pratiques sexuelles inappropriées qui ne correspondent pas au système de pensée de Dieu tel que l'homosexualité et l'animosité.

Lévitique 18 : 22 « *Quand un homme couche avec un homme comme on couche avec une femme, tous deux commettent une abomination* »

Étape 4 : Apprendre aux enfants à communiquer ouvertement et honnêtement

La communication ouverte et honnête est essentielle dans l'éducation sexuelle chrétienne. Les parents doivent créer un environnement où leurs enfants se sentent à l'aise de poser des questions et de discuter ouvertement de la sexualité, en mettant l'accent sur la vérité et la bienveillance. Mais il n'est pas rare de voir des parents qui n'en ont jamais parlé à leurs enfants. J'aimerais attirer notre attention sur le fait que lorsque nous ne le faisons pas, la société le fait à notre place et ne leur enseigne pas toujours ce qui correspond à nos valeurs. Nous ne pouvons pas empêcher à la société de faire ce travail. Mais il est important de nous assurer de donner l'opportunité à notre enfant de choisir, ceci signifie lui enseigner notre perspective de la sexualité afin que ce qu'il reçoit de la société ne soit pas un style d'offre unique qui s'impose à lui.

En encourageant la communication ouverte, les parents établissent une relation de confiance avec leurs enfants et les aident à naviguer avec confiance dans les questions complexes de la sexualité.

Étape 5 : Aborder avec les enfants, les défis et les questions pratiques.

Les parents peuvent être confrontés à des défis et à des questions pratiques lorsqu'ils abordent l'éducation sexuelle avec leurs enfants. Cela peut inclure des sujets tels que la pornographie, l'impudicité en général, les relations amoureuses, la contraception et les infections sexuellement transmissibles.

Les parents doivent être préparés à aborder ces sujets de manière sensible et à fournir des informations précises et basées sur les principes chrétiens, en mettant l'accent sur les conséquences physiques, émotionnelles et spirituelles de leurs actions.

Dans notre société occidentale actuelle, on revendique chaque jour un peu plus de dépravation des mœurs, c'est-à-dire des choses contraires à ce qui est prescrit dans la Bible en matière de sexualité. Le monde actuel prône l'immoralité sexuelle alors que la Bible nous recommande de fuir l'impudicité (1 corinthiens 6 : 18. « *Fuyez l'impudicité, quelque autre péché qu'un homme commette, ce péché est hors du corps ; mais celui qui se livre à l'impudicité pèche contre son propre corps* ». Il est important d'enseigner ceci à nos enfants.

Voici quelques pistes que les parents pourraient enseigner à leurs enfants pour les entraîner à résister aux tentations quotidiennes.

Piste 1 : Développer sa relation avec Dieu

La meilleure façon de résister à l'impudicité c'est de passer plus de temps dans la présence de Dieu. Celui qui ne le fait pas s'intéresse aux choses du monde et se laisse guider par les valeurs du monde, alors que celui qui s'intéresse aux choses spirituelles grandit avec Dieu et fuit le péché de façon naturelle. J'ai été impressionnée, du témoignage de l'un de mes fils qui, le jour de son baptême, a affirmé devant une assemblée de plus de 400 personnes combien sa relation avec Dieu l'a éloigné complètement de l'impudicité. Il disait en même temps qu'avant de bâtir une réelle intimité avec Dieu, il avait tenté de le faire de ses propres forces sans succès. Plus l'enfant sera encouragé à marcher dans la sanctification, moins le péché aura de l'emprise sur lui et moins il tombera dans l'impudicité.

Piste 2 : Entraîner l'enfant à fuir les mauvaises fréquentations.

Ne dit-on pas que la mauvaise compagnie corrompt les bonnes mœurs? Nous devons veiller à ce que nos enfants comprennent l'importance d'être bien entouré. Ainsi, ils se chargeront de fuir eux-mêmes les personnes qui peuvent être pour eux une occasion de chute.

L'erreur que le parent commet souvent c'est de se tenir en parent autoritaire et à interdire certaines fréquentations sans enseigner au préalable ce qu'il convient de faire à leur enfant. Du coup, l'enfant peut se tenir à l'écart de la personne par peur du parent et non parce qu'il aurait compris le bien-fondé.

Ceci signifie qu'en dehors du regard du parent, cet enfant se tiendra avec cette mauvaise fréquentation de façon innocente et se laissera probablement influencer. Lorsqu'une personne traine avec la mauvaise compagnie, elle finit par se faire contaminer d'une manière ou d'une autre. D'où l'importance de s'entourer des personnes de bonne moralité.

Piste 3 : Enseigner à l'enfant à fuir le copinage ou les relations non officielles à caractère marital.

Le copinage adopte toutes les caractéristiques d'une relation maritale et expose le jeune à l'impudicité.

Bien qu'ayant une apparence inoffensive, le copinage est un danger pour la spiritualité de l'individu et une porte facile d'accès à l'impudicité. Nos enfants doivent être sensibilisés à ce sujet. Il est donc important pour le parent-entraîneur d'enseigner à son enfant qu'il est important de fuir ce type de relation. Avant d'être plus ancré dans la foi, mon fils Cédrick avait la fréquentation d'une jeune fille française résidant au Québec, alors qu'il n'avait que 16 ans. Un jour, le papa de cette dernière l'avait conduit chez nous et avait lui-même frappé à notre porte pour annoncer à mon fils que sa fille l'aimait. Nous étions perplexes face à cette situation. Malgré nos conseils à notre fils, il commençait à fréquenter plus régulièrement celle-là. À force d'enseignement et d'intimité avec Dieu à travers sa parole, Cédrick a annoncé à cette fille qu'il arrêtait toute fréquentation pour se consacrer à ses études et à sa foi. Ce courage de quitter le copinage l'a éloigné de l'impudicité et de ses nombreuses conséquences par la grâce de Dieu.

Piste 4 : Ne pas discuter de tout sujet avec n'importe qui.

Entraîner nos enfants à ne pas discuter des sujets intimes surtout lorsqu'ils discutent avec des personnes de sexe opposé. Et dans notre société actuelle qui met en avant l'homosexualité, il est important de se méfier même des personnes de même sexe si nous ne partageons pas ces valeurs. Ces discussions commencent parfois comme si de rien n'était et peuvent facilement se solder par une histoire de pratiques sexuelles. Alors, un seul mot, faire attention.

Piste 5 : Entraîner nos enfants à faire attention à ce qu'ils lisent ou regardent.

Dire aux enfants, exemple à l'appui, que leurs yeux et leurs oreilles peuvent devenir des occasions de chute s'ils ne font pas attention. Sur ce sujet, je pense qu'il est important de surveiller nos enfants, mais qu'il est surtout primordial de leur enseigner sur les conséquences de leur exposition à certains types de contenus audiovisuels.

Faire attention aux téléséries pornographiques, vider la bibliothèque de tout livre ou magazine érotique. Ceci peut paraitre comme étant des détails, mais le danger est parfois dans les détails que nous négligeons tout comme l'excellence se fait dans les détails.

Piste 6 : Favoriser la compagnie à la solitude

Comme nous le savons tous, ce qui est mauvais se pratique généralement dans le secret. Ceci est vrai pour la sexualité et surtout l'impudicité. C'est pour cela que la meilleure façon de fuir l'immoralité sexuelle est de favoriser la compagnie. Lorsqu'un enfant vit de l'addiction à la pornographie et à la masturbation, il est important pour lui de sortir de l'isolement et de rejoindre les autres membres de sa famille au salon ou de communiquer avec des proches chaque fois qu'il est tenté de s'y livrer. La présence d'autres personnes va certainement le dissuader. De même, les amis doivent apprendre à se fréquenter dans des espaces publics pour ne pas se livrer à la tentation. Lorsque notre fils était fiancé, il n'avait jamais accueilli sa fiancée dans sa chambre pour éviter toute tentation. Lorsque celle-ci venait chez nous, elle demeurait avec les autres dans les aires ouvertes. Et par la grâce de Dieu, ils se sont préservés jusqu'au mariage.

Piste 7 : Favoriser l'activité à l'oisiveté

Il est important de comprendre que l'oisiveté augmente le risque de tomber dans la pornographie et la masturbation. Ceux qui ne font rien s'ennuient et peuvent se faire prendre dans toutes sortes de pièges. Ne dit-on pas que le travail éloigne l'humain du vice et de l'ennui? Ainsi, garder nos jeunes occupés peut limiter le risque de tomber dans la perversité liée à l'ennui.

Piste 8 : Avoir le Saint-Esprit comme allié dans la lutte

Le Saint-Esprit aide les enfants de Dieu à sortir des ruses de l'ennemi dont l'impudicité en fait partie. Il est alors important pour chaque parent-entraîneur de veiller à ce que ses enfants développent une vraie relation avec

Dieu, et qu'ils bénéficient du renouvellement de leur intelligence à travers de la Parole de Dieu. Ainsi pourront-ils parvenir à ne pas se conformer à ce que la société leur enseigne de nos jours à l'école et à travers les médias. La Bible dit en Romains 12 :2
« Ne vous conformez pas au siècle présent, mais soyez transformés par le renouvellement de l'intelligence, afin que vous discerniez quelle est la volonté de Dieu, ce qui est bon, agréable et parfait ».

Nous observons qu'à cause des égarements sexuels dans notre société, l'impudicité est devenue un véritable fléau autant chez les filles que chez les garçons. Mais nous ne devons pas capituler et laisser la victoire à l'ennemi. Avec l'aide du Saint-Esprit, nous devons être plus que vainqueurs. Il peut nous aider et il peut aider nos enfants. La Parole de Dieu dit que celui qui est en nous est plus fort que celui qui est dans le monde. Disons à nos enfants que même s'il leur arrive de faiblir, ils n'ont pas à laisser l'ennemi gagner ce combat.

Étape 6 : Utiliser les ressources basées sur la foi et les faire grandir dans un environnement inspirant

Il existe de nombreuses ressources basées sur la foi, disponibles pour aider les parents dans leur éducation sexuelle chrétienne. Cela peut inclure des livres, des vidéos, des sites Web et des programmes d'éducation sexuelle conçus spécifiquement pour les familles chrétiennes.

On peut aussi avoir accès aux intervenants chrétiens (psychologues, psychoéducateurs, éducateurs et travailleurs sociaux) qui sont de véritables appuis pour les parents qui ont de la difficulté à aborder ces sujets.

En utilisant ces ressources, les parents peuvent trouver un soutien et des conseils pour aborder les questions délicates de la sexualité avec leurs enfants de manière compatissante et respectueuse de leur foi. Entraîner son enfant à l'éducation sexuelle selon les principes chrétiens est une lourde responsabilité pour les parents chrétiens et il faut le reconnaître. En abordant les défis et les questions pratiques avec ouverture et honnêteté, et en utilisant des ressources basées sur la foi, ceux-ci peuvent guider leurs enfants dans leur développement sexuel d'une manière respectueuse de leur foi chrétienne.

CHAPITRE 8
ENTRAÎNER SON ENFANT À LA LOI DE L'HONNEUR ET AU SERVICE

La loi de l'honneur et du service est un principe divin de prospérité attaché à la vie de ceux qui l'observent. Entraîner un enfant à observer cette loi de l'honneur et du service est essentiel. Par cette loi, les parents élèvent des individus altruistes et responsables. Dans ce chapitre, nous explorerons en profondeur les principes de la loi de l'honneur et du service, en mettant l'accent sur l'importance de l'intégrité, du respect et de l'engagement envers les autres. Nous fournirons également des stratégies pratiques et des exemples concrets pour entraîner efficacement les enfants à devenir des leaders bienveillants et engagés, prêts à servir leur communauté et à apporter un impact positif sur le monde qui les entoure. Voici les différentes étapes :

Étape 1 : Comprendre la loi de l'honneur et du service

La loi de l'honneur et du service est un code moral qui incite les individus à agir avec intégrité, respect et engagement envers les autres. Elle repose sur l'idée que le vrai leadership découle du service désintéressé et de l'engagement envers le bien-être de la communauté.

Les parents peuvent enseigner cette loi à leurs enfants en leur expliquant l'importance de l'honneur, de la loyauté et du service envers autrui, et en leur montrant comment ces valeurs peuvent les guider dans leur vie quotidienne. Ils peuvent aussi le faire surtout en observant eux-mêmes cette loi dans leur vie de tous les jours.

Au niveau de la destinée, on parle plus de l'honneur aux pères et de l'honneur aux devanciers. Il s'agit plus précisément d'honorer les autorités qu'il y a dans nos vies ainsi que les personnes qui nous ont devancés dans la mission de vie. Un parent qui n'honore pas ses propres parents et ses supérieurs aura du mal à faire comprendre ce principe à son enfant.

Étape 2 : Inculquer les valeurs de l'intégrité, du respect et de l'humilité

L'intégrité, le respect et l'humilité sont des piliers de la loi de l'honneur et du service. Les parents doivent inculquer ces valeurs à leurs enfants en modelant un comportement exemplaire et en encourageant la responsabilité personnelle dans leurs actions. Quand ces valeurs sont absentes chez une personne, il serait très difficile pour elle de servir et d'honorer. Ce qui est un véritable obstacle sur le chemin de la destinée.

En enseignant l'importance de dire la vérité, de tenir ses promesses et de respecter les autres, les parents aident leurs enfants à développer un sens aigu de l'intégrité et du respect envers autrui.

Étape 3 : Cultiver l'altruisme et un esprit de service

Le service désintéressé est au cœur de la loi de l'honneur et du service. Les parents peuvent encourager leurs enfants à cultiver un esprit de service envers les autres, en les incitant à rechercher des occasions de donner de leur temps et de leurs ressources pour aider ceux dans le besoin. L'implication sociale de mes enfants s'est faite dans le cadre des Cadets de l'Armée Canadienne et des activités bénévoles du programme d'étude secondaire international. Un autre endroit où ils servent c'est au niveau de l'église locale, de l'association FDE et du Réseau Ta Seconde Chance international.

En impliquant leurs enfants dans des activités de bénévolat et en les encourageant à trouver des moyens de servir leur communauté, les parents les aident à développer un sens profond d'altruisme et de compassion envers autrui. Le parent-entraîneur doit permettre à son enfant d'évoluer dans des environnements propices au service.

Étape 4 : Favoriser le développement de leur leadership.

Le leadership bienveillant est une composante essentielle de la loi de l'honneur et du service. Les parents peuvent favoriser le développement du leadership chez leurs enfants en leur offrant des occasions de prendre des initiatives, de résoudre des problèmes et d'influencer positivement ceux qui les entourent.

En encourageant leurs enfants à assumer des responsabilités et à diriger avec empathie et compassion, les parents les préparent à devenir des leaders bienveillants et efficaces dans leur vie personnelle et professionnelle.

Encore une fois, le corps du Cadet de l'Armée Canadienne et l'Église locale sont des excellents endroits où les enfants peuvent pratiquer leur leadership.

Étape 5 : Enseigner le sens du devoir et de la responsabilité

Le sens du devoir et de la responsabilité envers les autres est un aspect important de la loi de l'honneur et du service. Les parents doivent enseigner à leurs enfants l'importance de remplir leurs obligations envers leur famille, leur communauté et leur pays. Les obligations en familles doivent être clairement définies pour permettre à l'enfant de se mobiliser. On ne peut pas exiger à un enfant de faire quelque chose qu'il n'a pas appris.

En leur montrant comment assumer leurs responsabilités avec diligence et engagement, les parents les aident à développer un sens du devoir et de la responsabilité envers autrui. Au préalable, le parent doit apprendre à tenir ses propres engagements. Un parent qui ne tient jamais ses promesses aurait du mal à enseigner ce comportement à son enfant, car il sera jugé d'avance.

Étape 6 : Modéliser un comportement exemplaire

Les enfants apprennent avant tout par l'exemple. Les parents doivent donc être des modèles de comportement exemplaire en vivant selon les principes de la loi de l'honneur et du service dans leur propre vie. En modelant un comportement exemplaire, les parents montrent à leurs enfants l'importance de vivre avec intégrité, respect et engagement envers les autres, et les inspirent à suivre leur exemple dans leur propre vie.

Étape 7 : Encourager l'autoréflexion

Enfin, les parents peuvent encourager leurs enfants à réfléchir sur leurs actions et leurs choix, et à pratiquer l'autoréflexion pour améliorer continuellement leur comportement et leur impact sur les autres.

Ce faisant, les parents aident leurs enfants à devenir des individus conscients de leur influence sur le monde qui les entoure et à rechercher activement des moyens d'être des agents de changement positif.

En somme, en inculquant les valeurs de l'intégrité, du respect, de l'humilité et du service, en cultivant un esprit de leadership bienveillant et en encourageant la réflexion et l'autoréflexion, les parents entraînent leurs enfants à devenir des individus prêts à servir leur communauté et à apporter un impact positif sur le monde qui les entoure. En suivant les stratégies et les pratiques décrites dans ce chapitre, les parents peuvent jouer un rôle essentiel dans la formation de futurs leaders bienveillants et engagés, capables de faire une différence significative dans leur communauté et au-delà.

CHAPITRE 9
ENTRAÎNER SON ENFANT À FUIR LES MAUVAISES INFLUENCES

Dans notre société actuelle, les enfants sont confrontés à de nombreuses influences, bonnes et mauvaises, qui peuvent façonner leurs choix et leur comportement. En tant que parents, il est essentiel d'entraîner nos enfants à reconnaître et à éviter les mauvaises influences afin qu'ils puissent naviguer dans le monde avec confiance et intégrité. Dans ce chapitre, nous explorerons en profondeur les stratégies et les pratiques que les parents peuvent utiliser pour aider leurs enfants à fuir les mauvaises influences. De la communication ouverte à l'enseignement des valeurs fondamentales, nous fournirons un guide non exhaustif pour favoriser des choix positifs et une vie équilibrée pour nos enfants.

Stratégie pratique 1 : Comprendre les mauvaises influences

Avant de pouvoir aider nos enfants à les éviter, il est crucial de comprendre nous-mêmes ce que sont les mauvaises influences. Cela peut inclure la mauvaise compagnie, des contenus médiatiques toxiques, des comportements risqués, et d'autres facteurs qui peuvent compromettre le bien-être et le développement de nos enfants.

Les parents doivent être conscients des différentes formes que peuvent prendre les mauvaises influences afin de mieux les identifier et de mieux protéger leurs enfants contre elles.

Stratégie pratique 2 : Favoriser une communication ouverte et honnête

Une communication ouverte et honnête entre les parents et les enfants est essentielle pour aider ces derniers à reconnaître et à éviter les mauvaises influences. Les parents doivent encourager leurs enfants à parler librement de leurs expériences, de leurs préoccupations et de leurs questions, sans crainte de jugement. Ce qui nuit parfois à l'ouverture des enfants c'est la peur du jugement qui peut naitre de la réaction habituelle du parent.

En établissant un climat de confiance et de compréhension, les parents peuvent mieux comprendre les défis auxquels leurs enfants sont confrontés et les guider de manière appropriée.

Stratégie pratique 3 : Enseigner les valeurs fondamentales à l'enfant

Les valeurs fondamentales telles que l'intégrité, le respect de soi et des autres, la responsabilité et la compassion sont des outils puissants pour aider les enfants à reconnaître et à résister aux mauvaises influences. Les parents doivent enseigner ces valeurs à leurs enfants dès leur plus jeune âge et les aider à comprendre comment ces valeurs peuvent les guider dans leurs choix.

En réalité, ces valeurs aident l'enfant à développer le sens de ce qui est juste et de ce qui est faux. Du coup, la conscience de ces choses les rend plus résistants aux mauvaises pressions extérieures.

Stratégie pratique 4 : Fournir des alternatives positives :

Une façon efficace d'aider les enfants à éviter les mauvaises influences est de leur fournir des alternatives positives et enrichissantes. Cela peut inclure des activités de loisirs saines, des relations positives avec des pairs bienveillants, des mentors inspirants, et des modèles de comportement positif.

L'une des choses importantes à comprendre par le parent est qu'il ne faut jamais interdire sans proposer un autre choix, une alternative de rechange. Quand on ne le fait pas, l'enfant vit les interdits comme étant une forme d'oppression. Le seul discours qu'il entend dans ce cas-là est qu'il n'a droit à rien. D'où l'importance de proposer des solutions de rechange au moment d'interdire une chose.

Selon mon expérience familiale, j'ai remarqué qu'en exposant activement les enfants à des environnements et à des expériences positives, les parents renforcent leur résilience face aux influences négatives et les encouragent à faire des choix sains et constructifs. Notre fils Cédrick est un parfait exemple avec les expériences positives qu'il a eu dans le corps de l'armée et le service à l'Église.

Stratégie pratique 5 : Les entraîner à la pensée critique et la prise de décision éclairée.

La capacité à penser de manière critique et à prendre des décisions éclairées est essentielle pour aider les enfants à évaluer les influences qui les entourent. Les parents doivent enseigner à leurs enfants à examiner de manière critique les messages médiatiques, les comportements des pairs et les situations sociales, et à prendre des décisions basées sur leur propre jugement et leurs valeurs. Il est par exemple important d'avoir des moments de causerie avec les enfants où on prend soin de les écouter sans les juger, tout en leur posant des questions pouvant les amener à s'autoanalyser.

En renforçant leur capacité à penser de manière autonome et à prendre des décisions réfléchies, les parents aident leurs enfants à se protéger contre les influences néfastes et à naviguer dans le monde avec confiance et discernement.

Stratégie pratique 6 : Établir des limites et des règles claires.

Les parents doivent établir des limites et des règles claires en ce qui concerne les comportements et les interactions de leurs enfants. Cela peut inclure des règles sur les fréquentations, les activités en ligne, les sorties nocturnes, et d'autres aspects de la vie quotidienne qui peuvent les exposer à des influences négatives.

En établissant des limites et des règles claires, les parents fournissent un cadre sécurisant dans lequel leurs enfants peuvent évoluer, ce qui les aide à éviter les situations potentiellement dangereuses. En début d'année, il est important de faire participer les enfants à la séance de révision des règles de la maison. Lorsque vous les faites participer à la définition des règles, ils sont plus ouverts à leur application.

Il faut également éviter d'exposer les enfants à la double contrainte. Une double contrainte est une situation dans laquelle une personne est soumise à deux contraintes ou pressions contradictoires ou incompatibles. Il s'agit d'une communication paradoxale où l'enfant ne sait pas quoi faire.

Exemple : Prends tes cahiers et fais tes devoirs et sache que la vaisselle doit être faite immédiatement.

Dans cet exemple, l'enfant peut se demander ce qu'il fait exactement. La consigne n'est pas claire. La double contrainte pratiquée habituellement peut favoriser la schizophrénie selon certaines recherches « La double contrainte a tendance à entraîner un blocage de la communication. C'est un symptôme typique de la schizophrénie que de tenter de ne pas communiquer, et un effet logique dans la mesure où le schizophrène doit assumer le défaut de communication de son environnement ».

Lambrette, Grégory. « La double contrainte. L'influence des paradoxes de Bateson en Sciences humaines », *Thérapie familiale*, vol. 29, no. 3, 2008, pp. 429-430.

Stratégie pratique 7 : Être un modèle de comportement positif face à son enfant

Enfin, les parents doivent être des modèles de comportement positif pour leurs enfants. Ils doivent montrer par l'exemple comment résister aux influences négatives, comment faire preuve d'intégrité et de courage dans leurs choix, et comment vivre une vie équilibrée et épanouissante.

En étant des modèles de comportement positif, les parents inspirent leurs enfants à suivre leur exemple et à s'élever au-dessus des influences néfastes qui pourraient les entourer.

CHAPITRE 10
ENTRAÎNER SON ENFANT À L'AUTODISCIPLINE

L'autodiscipline est une compétence cruciale qui peut déterminer la réussite et le bien-être d'un individu tout au long de sa vie. En tant que parents, nous avons la responsabilité d'entraîner nos enfants à développer cette capacité à contrôler leurs actions, leurs émotions et leurs comportements. Dans ce chapitre, nous explorerons quelques principes de l'autodiscipline et fournirons un guide sommaire pour aider les parents à entraîner leurs enfants à devenir des individus autodisciplinés. De la gestion du temps à la résilience face à l'adversité, nous aborderons divers aspects de la discipline personnelle pour aider les enfants à réaliser leur plein potentiel.

Stratégie 1 : Aider l'enfant à comprendre l'importance de l'autodiscipline

Avant d'entamer le processus d'entraînement à l'autodiscipline, il est crucial de comprendre son importance. L'autodiscipline est la capacité à se contrôler, à résister aux impulsions et à maintenir le cap sur ses objectifs, même face aux distractions et aux obstacles.

Les parents doivent expliquer à leurs enfants que l'autodiscipline est essentielle pour atteindre le succès dans la vie, que ce soit sur le plan académique, professionnel, personnel ou social.

Stratégie 2 : Favoriser un environnement propice à l'autodiscipline

Pour cultiver l'autodiscipline chez leurs enfants, les parents doivent créer un environnement propice à son développement. Cela inclut l'établissement de routines et de structures claires, la promotion de la responsabilité personnelle et la fixation d'attentes élevées, mais réalistes.

Il est autant important d'implanter la culture de la planification à la maison et pratiquer la planification des objectifs du lendemain la veille. Chez nous, cela se passe à l'heure du souper où chaque membre de la famille partage le bilan de sa journée et ses objectifs du lendemain.

Nous entraînons également nos enfants à l'usage de l'agenda étant donné que l'école le favorise déjà au Canada. En fournissant un cadre stable et prévisible, les parents aident leurs enfants à développer des habitudes et des comportements qui favorisent l'autodiscipline.

Nous aurions pu nous étendre plus sur ce sujet, mais je proposerais à chaque parent qui veut aller plus loin sur ce sujet de lire mon livre *La Pratique de l'autodiscipline au cœur de ton succès, Laisse-toi entraîner et deviens inarrêtable.*

Stratégie 3 : Entraîner les enfants à la gestion du temps et des tâches

La gestion efficace du temps est un élément clé de l'autodiscipline. Les parents doivent enseigner à leurs enfants à planifier leurs activités, à établir des priorités et à gérer leur temps de manière responsable. Faire un exercice d'identification des grignoteurs de temps en famille et donner aux enfants des stratégies pour les éliminer au maximum en période d'activité et de repos.

En aidant leurs enfants à développer des compétences en gestion du temps, les parents leur donnent les outils nécessaires pour être plus efficaces et productifs dans leurs efforts.

Stratégie 4 : Promouvoir la discipline de la résilience face à l'adversité

Un parent me demandait un jour si les enfants peuvent comprendre ceci. Et je lui avais donné la réponse suivante : « *Ne vous en faites pas, vos enfants vous regardent. Ils apprennent à travers votre propre discipline de résilience. Votre attitude face à l'adversité est le seul enseignant qui vaut la peine* ».

Lorsque mes enfants les plus vieux avaient lu mon livre *Vaincre malgré l'adversité, avancer malgré la douleur*, ils m'ont dit que la seule chose qui les mobilise quand tout semble mal aller c'est mon histoire. Ils se disent que si leur mère a pu se relever de ses nombreux défis, alors ils le peuvent également. Mon fils Cédrick m'a dit ceci : « Maman tu n'as pas changé, tu es toujours aussi résiliente et franchement tu m'inspires. Tu es mon modèle ». Qu'on le veuille ou pas, nous sommes les modèles pour nos enfants et c'est cela l'essence même du statut de parent-entraîneur.

La résilience est une composante importante de l'autodiscipline. Les parents doivent enseigner à leurs enfants à faire face à l'adversité et à surmonter les obstacles avec détermination et persévérance.

En encourageant leurs enfants à voir les défis comme des opportunités de croissance et à adopter une attitude positive face à l'échec, les parents les aident à renforcer leur résilience et leur capacité à faire face aux difficultés de la vie.

Stratégie 5 : Encourager la maitrise de soi et la saine gestion des émotions

La maitrise de soi est une compétence essentielle pour l'autodiscipline. Les parents doivent apprendre à leurs enfants à reconnaître et à gérer leurs émotions de manière saine et constructive, plutôt que de réagir impulsivement. Une personne qui se laisse conduire par ses émotions aura de la difficulté à se discipliner.

En encourageant la pratique de techniques de relaxation, de méditation ou de respiration profonde, les parents aident leurs enfants à développer une meilleure maitrise de soi et à prendre des décisions réfléchies plutôt que basées sur des réactions émotionnelles impulsives.

Stratégie 6 : Modéliser un comportement autodiscipliné

Les enfants apprennent avant tout par l'exemple. Vous vous fatiguez peut-être de me voir répéter ceci dans chaque chapitre. Mais, c'est fait à dessein, car c'est la règle numéro 1 du parent-entraîneur. Les parents doivent donc être des modèles de comportement autodiscipliné dans leur propre vie.

En démontrant des habitudes telles que la ponctualité, la persévérance dans la réalisation des objectifs et la gestion responsable des ressources, les parents montrent à leurs enfants l'importance et les bénéfices de l'autodiscipline.

Stratégie 7 : Fournir un soutien et des encouragements

Enfin, les parents doivent fournir un soutien constant et des encouragements à leurs enfants dans leur parcours vers l'autodiscipline. Cela peut inclure des éloges pour les progrès réalisés, des récompenses pour les efforts soutenus, et un soutien émotionnel lorsqu'ils rencontrent des difficultés.

En montrant à leurs enfants qu'ils croient en eux et qu'ils sont là pour les soutenir, les parents renforcent leur motivation à développer et à maintenir l'autodiscipline.

Élever un enfant autodiscipliné est un processus continu qui demande de la patience, de la persévérance et de l'engagement. En fournissant un environnement propice à l'autodiscipline, en enseignant la gestion du temps et des tâches, en promouvant la résilience face à l'adversité, en encourageant la maitrise de soi et la gestion des émotions, en modélisant un comportement autodiscipliné, et en fournissant un soutien et des encouragements constants, les parents peuvent aider leurs enfants à développer les compétences nécessaires pour réussir dans la vie et à devenir des adultes responsables et épanouis. En suivant les stratégies et les pratiques décrites dans ce chapitre, les parents peuvent jouer un rôle essentiel dans la formation de futurs leaders et contributeurs positifs à la société.

CHAPITRE 11
ENTRAÎNER SON ENFANT À LA SAINE GESTION DES ÉMOTIONS

La gestion des émotions est une compétence essentielle pour entretenir les relations interpersonnelles harmonieuses. C'est l'essentiel à avoir pour développer de bonnes habiletés sociales. Et nous savons combien cela est important pour nos enfants tant à la maison qu'au niveau de leurs relations avec leurs pairs dans la société. En tant que parents-entraineurs, il est de notre responsabilité d'entraîner nos enfants à reconnaître, comprendre et gérer efficacement leurs émotions. Dans les lignes qui suivent, nous explorerons en profondeur les clés d'une saine gestion des émotions et fournirons un guide pratique pour aider les parents à entraîner leurs enfants dans le développement de cette compétence cruciale. Nous irons de la reconnaissance des émotions à la régulation émotionnelle, puis nous aborderons divers aspects de la gestion émotionnelle afin que chaque parent qui lit ce livre soit en mesure d'aider son enfant à construire des bases émotionnelles solides pour une vie équilibrée.

Clé 1 : Comprendre l'importance de la gestion des émotions

Avant d'entamer le processus d'entraînement à la saine gestion des émotions, il est crucial de comprendre son importance. La gestion des émotions permet aux enfants de mieux comprendre leurs sentiments, de les exprimer de manière appropriée et de les réguler efficacement. Les parents doivent expliquer à leurs enfants que la gestion des émotions est essentielle pour leur bien-être mental, leur

Clé 2 : Enseigner la reconnaissance émotionnelle aux enfants

La première étape de la gestion des émotions est la reconnaissance émotionnelle. Les parents doivent apprendre à leurs enfants à reconnaître et à nommer leurs émotions, en leur fournissant un vocabulaire émotionnel riche. En encourageant l'expression émotionnelle ouverte et en validant les sentiments de leurs enfants, les parents les aident à développer une conscience émotionnelle accrue.

Clé 3 : Promouvoir la régulation émotionnelle chez l'enfant

La régulation émotionnelle est la capacité à gérer et à moduler ses propres réponses émotionnelles. Les parents doivent enseigner à leurs enfants des techniques de régulation émotionnelle telles que la respiration profonde, la relaxation musculaire et la réflexion positive le time-out, la tenue d'un journal des émotions.

En encourageant leurs enfants à identifier des stratégies efficaces pour calmer leurs émotions lorsqu'ils se sentent dépassés, les parents les aident à développer une capacité à faire face aux défis émotionnels de la vie.

Clé 4 : Favoriser une saine expression émotionnelle

L'expression émotionnelle saine est un aspect important de la gestion des émotions. Les parents doivent encourager leurs enfants à exprimer leurs sentiments de manière constructive et respectueuse, plutôt que de les réprimer ou de les refouler.

En créant un environnement où les enfants se sentent en sécurité pour partager leurs émotions, les parents renforcent leur confiance en eux et leur capacité à établir des relations saines avec les autres.

Clé 5 : Entraîner l'enfant à la résolution des problèmes émotionnels

La résolution de problèmes émotionnels est une compétence clé dans la gestion des émotions. Les parents doivent apprendre à leurs enfants à identifier les déclencheurs émotionnels, à comprendre les pensées sous-jacentes et à trouver des solutions efficaces pour gérer les situations difficiles.

En guidant leurs enfants au travers du processus de résolution de problèmes émotionnels, les parents les aident à développer une capacité à surmonter les obstacles et à trouver des solutions positives aux défis de la vie.

Clé 6 : Modéliser un comportement émotionnel intelligent

Les enfants apprennent avant tout par l'exemple. Les parents doivent donc être des modèles de comportement émotionnellement intelligent dans leur propre vie. En montrant à leurs enfants comment gérer leurs propres émotions de manière saine et constructive, les parents les inspirent à suivre leur exemple et à développer des compétences émotionnelles similaires. Il est important de leur dire que c'est normal de ressentir des émotions sauf qu'il faut les exprimer de façon saine. Exemple: il est normal de ressentir de la colère, mais, anormal de crier et de s'arracher les cheveux quand celle-ci arrive. Toute émotion est un porteur de message qu'il faut plutôt prendre le temps de le questionner pour en comprendre le sens. Chaque émotion cache un besoin dont il faut répondre de façon saine. L'émotion est semblable au facteur qui nous apporte du courrier à la porte. Considérant ceci, crier ou rager lorsqu'on est en colère est comme si on frappait sur le facteur qui nous a apporté un courrier. Pourtant, la sagesse veut tout simplement que nous prenions le temps de comprendre le message qui a été apporté.

Clé 7 : Fournir à chaque enfant un soutien et des encouragements constants

Enfin, les parents doivent fournir un soutien constant et des encouragements à leurs enfants dans leur parcours vers la saine gestion des émotions. Cela peut inclure des encouragements pour les progrès réalisés, des réconforts lors des moments difficiles, et un soutien émotionnel lorsqu'ils rencontrent des obstacles.

En montrant à leurs enfants qu'ils sont là pour les soutenir et les encourager dans leur développement émotionnel, les parents renforcent leur confiance en eux et leur capacité à faire face aux défis de la vie.

Entraîner son enfant à la saine gestion des émotions est un processus continu qui demande de la patience et la persévérance. En résumé, il est bon de fournir un cadre propice à l'expression et à la régulation émotionnelle, de les entraîner à la reconnaissance et à la résolution des émotions, en modélisant un comportement.

CONCLUSION

« On ne nait pas parent, on le devient ». Cette assertion est si lourde de sens que nous ne pouvons-nous empêcher de la répéter pour conclure. Il est important de comprendre que depuis toujours, la parentalité inclue une part de transmission générationnelle. Une de mes clientes me racontait que lorsqu'elle était enfant, elle recevait des punitions physiques atroces telles que la fessée et des punitions verbales comme des insultes et des paroles humiliantes. Alors, elle me confessait qu'étant maman, elle a reproduit le même traitement sur ses enfants. Cette dame-là observait qu'elle ignorait totalement les sentiments de ses enfants et voyait leur détresse comme étant quelque chose de normal. Elle blessait encore et encore ses enfants, car elle n'avait pas mieux à donner. Madame X donnait exactement ce qu'elle avait reçu et contribuait ainsi à construire des adultes brisés qui seront à leur tour un danger pour ses petits-enfants.

Notre but dans ce livre est d'inviter chaque parent à rester ouvert à la rééducation dans son rôle parental afin de s'approprier le statut de parent-entraîneur. Et cette rééducation commence par la décision de guérir de ses propres blessures émotionnelles. Parfois, nous avons tellement chargé de roches dans notre bagage émotionnel à travers le temps et ce bagage est si lourd à porter. Du coup, il est urgent pour chaque parent, d'oser vider les roches de son bagage émotionnel pour donner la place à l'aptitude de parent-entraîneur, un statut salutaire pour bâtir un enfant équilibré et non un adulte brisé.

ISBN-13 : 978-9-9563-9767-9

Made in the USA
Middletown, DE
11 April 2024

52869469R00146